# Entwicklung eines Risikomanagementsystems für ein Bauunternehmen

Klaus Weigand

# Entwicklung eines Risikomanagementsystems für ein Bauunternehmen

Eine Projektarbeit

Bibliografische Information der Deutschen Nationalbibliothek: Die Deutsche Nationalbibliothek verzeichnet diese Publikation in der Deutschen Nationalbibliografie; detaillierte bibliografische Daten sind im Internet über http://dnb.dnb.de abrufbar.

© 2017 Klaus Weigand

Bildquellen:  Titelbild:    Ramona Forster, 2016
              Rückseite:   Christina Frase, 2016

Herstellung und Verlag: BoD – Books on Demand, Norderstedt
ISBN: 9783743178885

# Inhaltsverzeichnis

1 Vorwort .................................................................................... 7
2 Aufgabenstellung ..................................................................... 8
   2.1 Forderungen des KonTraG ................................................ 8
   2.2 Der Auftrag der Geschäftsführung ..................................... 9
3 Grundlagen ............................................................................ 10
   3.1 Das betrachtete Bauunternehmen ................................... 10
   3.2 Die Geschäftsfelder und die Branche .............................. 10
   3.3 Mitwirkung der Abteilungen und Bereiche ........................ 12
   3.4 Schematische Darstellung der Vorgehensweise .............. 13
4 Bestimmung der Risiken ........................................................ 14
   4.1 Definition „Risiko" ............................................................ 14
   4.2 Ermittlung der Risiken (Risikoinventur) ............................ 14
   4.3 Politische und soziale Risiken .......................................... 16
   4.4 Risiken des wirtschaftlichen Umfeldes ............................. 16
   4.5 Branchenrisiken ............................................................... 16
   4.6 Firmenspezifische Risiken ............................................... 17
      4.6.1 Kalkulationsrisiken .................................................. 18
      4.6.2 Vertragsrisiken ........................................................ 19
      4.6.3 Bau- und Produktionsrisiken ................................... 20
      4.6.4 Beschaffungsrisiken ................................................ 21
      4.6.5 Finanzrisiken ........................................................... 22
      4.6.6 Personalrisiken ....................................................... 23

  4.6.7 Interne Risiken............................................................... 24

5 Klassifizierung der einzelnen Risiken und Einordnung in ein Risikoportfolio ............................................................................... 25

 5.1 Risikoinventar ................................................................... 25

 5.2 Risikoportfolio .................................................................. 26

6 Definition von Kennzahlen und Werkzeugen zur Steuerung der Risiken......................................................................................... 28

 6.1 Frühindikatoren für Politik, soziales und allgemeines wirtschaftliches Risiko, Lage der Baubranche ............................ 28

 6.2 Betriebsinterne Kennzahlen und Werkzeuge ..................... 29

  6.2.1 Technisch orientierte Werkzeuge ............................ 29

  6.2.2 Monatliche Betriebsabrechnung ............................. 31

  6.2.3 „Chefliste" ................................................................ 37

  6.2.4 Sonstige kaufmännische Werkzeuge ...................... 39

 6.3 Risikohandbuch / Risikobeauftragter ................................ 39

7 Gegensteuerungsmaßnahmen.............................................. 42

 7.1 Vermeiden von Risiken ..................................................... 42

 7.2 Vermindern von Risiken .................................................... 42

 7.3 Abwälzen von Risiken ....................................................... 44

 7.4 Risiken selbst tragen ........................................................ 45

8 Fazit und Ausblick.................................................................. 46

9 Literaturverzeichnis ............................................................... 48

10 Abbildungsverzeichnis .......................................................... 49

Anhang ........................................................................................... I

# 1 Vorwort

Das Bauen war und ist mit den unterschiedlichsten Risiken verbunden. Während sich einige der Risiken im Laufe der Zeit ändern, bleiben andere über Jahrzehnte hinweg aktuell. Um diesen Herausforderungen gezielt begegnen zu können, brauchen die Unternehmen der Baubranche geeignete Systeme und Werkzeuge. Mit diesen werden sie in die Lage versetzt, die Risiken überwachen und steuern zu können. Im Ernstfall kann so unverzüglich und strukturiert auf die Bedrohung reagiert werden. Oberstes Ziel ist der Unternehmenserhalt und damit auch der Gläubigerschutz.

Im Jahr 2004 wurde im Rahmen einer Projektarbeit für ein mittelständisches Bauunternehmen ein solches „Risikomanagement" aufgebaut, das neben den betrieblichen Kontroll- und Steuerungsprozessen auch die Forderungen des Gesetzes zur Kontrolle und Transparenz im Unternehmensbereich (KonTraG) erfüllt.

Nun sind mehr als zehn Jahre vergangen und das vorliegende System hat nicht an Aktualität verloren. Die wirtschaftlichen Verhältnisse in dieser Branche haben sich zwar verbessert, die Risiken sind aber nahezu gleich geblieben.

Klaus Weigand ist Leiter des Controllings und Risikobeauftragter in einem mittelständischen Bauunternehmen. Er verfügt über nahezu 30 Jahre Erfahrung in der Baubranche. Zudem ist er seit Jahren als Dozent für Kosten- und Leistungsrechnung sowie für Controlling bei der Industrie- und Handelskammer tätig.

# 2 Aufgabenstellung

## 2.1 Forderungen des KonTraG

Am 1. Mai 1998 trat das Gesetz zur Kontrolle und Transparenz im Unternehmensbereich (KonTraG) in Kraft. Es ist das Ergebnis der Corporate-Governance-Diskussion, die zwischen Bundesregierung und den beteiligten Kreisen der Wirtschaft geführt wurde. Anstoß für diese Diskussion, die im Übrigen auch in allen Industrienationen der Welt geführt wurde, waren unter anderem die Unternehmenskrisen der Vergangenheit und die zunehmende Internationalisierung der Finanz- und Kapitalmärkte. ERNST/SEIBERT/STUCKERT beschreiben die Ausgangssituation wie folgt: *„Unser Aktien-, Börsen- und Rechnungslegungsrecht steht im institutionellen Wettbewerb unter einem zunehmenden Anpassungs- und Modernisierungsdruck. Die Unternehmen brauchen eine Leitungs- und Überwachungsstruktur, die von den Anlegern als effizient und verlässlich verstanden wird."* [1]

Das Maßnahmenpaket, das die Bundesregierung mit Zustimmung durch den Bundesrat im ersten Anlauf verabschiedete, enthält unter anderem die folgenden, für das Bauunternehmen relevanten Forderungen und Regelungen:

- Die Prüfungspflicht des Aufsichtsrats erstreckt sich nun auch auf den Konzernabschluss und den Konzernlagebericht.
- Die Berichtspflicht des Vorstandes an den Aufsichtsrat über die zukünftige Unternehmensplanung wird verstärkt.

---

[1] Vgl. Ernst/Seibert/Stuckert, KonTraG, 1998, Seite 1.

- Die Vorstände der Aktiengesellschaften werden verpflichtet, für ein angemessenes Risikomanagement und eine interne Revision im Unternehmen zu sorgen.

## 2.2 Der Auftrag der Geschäftsführung

Die Forderungen des KonTraG sowie die sich weiter verschlechternde Situation des deutschen Baugewerbes veranlassten die Geschäftsführung, die Abteilung Controlling mit der Entwicklung eines Risikomanagementsystems (im Folgenden auch RMS genannt) für das Bauunternehmen zu beauftragen. Wohlwissend um die Tatsache, dass einem Risiko stets eine Chance gegenübersteht, sollte der Fokus ausschließlich auf die Steuerung der Risiken gelegt werden. Nach erfolgreicher Implementierung des RMS kann in einem zweiten Schritt das Thema „Chancen-Management" angegangen werden.

Das RMS soll sowohl die für das Bauunternehmen relevanten Forderungen des KonTraG erfüllen, als auch als operative Entscheidungshilfe für die Führung der einzelnen Geschäftsbereiche dienen. Im Einzelnen sollen die Risiken erkannt und klassifiziert werden. Vorhandene Instrumente zur Risikosteuerung sollen erfasst, bewertet und gegebenenfalls verbessert und ergänzt werden. Es sollen Vorschläge zu Gegensteuerungsmaßnahmen erarbeitet, sowie das Konzept eines „Handbuchs Risikomanagement" erstellt werden. Dessen Inhalt soll die genannten Teilbereiche strukturiert und reproduzierbar festhalten und später als Arbeitsrichtlinie Teil des Qualitätsmanagement-Handbuches werden.

# 3 Grundlagen

## 3.1 Das betrachtete Bauunternehmen

Beim betrachteten Unternehmen handelt es sich um ein mittelständiges Bauunternehmen, das auf eine jahrzehntelange Tradition zurückblicken kann. Dieses Bauunternehmen beschäftigte zur Zeit der Projektarbeit über 300 Mitarbeiter und tätigte 2003 einen Umsatz von circa 90 Mio. Euro. Im Jahr 2003 wurden bundesweit über 200 Baustellen mit einem aufgelaufenen Gesamtbauvolumen von 340 Mio. Euro betreut. Der größte Einzelauftrag hatte ein Volumen von 15 Mio. Euro.

Das betrachtete Bauunternehmen bedient hauptsächlich zwei Geschäftsfelder:

1. Bauträgergeschäft
2. Erstellen von Individualbauwerken sowohl als reine Rohbauleistung, als auch als Schlüsselfertigbauten.

## 3.2 Die Geschäftsfelder und die Branche

Das Profitcenter „Bauträgerei" betreut nur drei bis fünf ausgewählte Projekte, und damit gehört das betrachtete Unternehmen zu den kleineren Vertretern der Bauträgerbranche. In der Bauträgerbranche herrscht seit geraumer Zeit ein Marktbereinigungsprozess, der durch den Abbau von Fördermöglichkeiten und einem Überangebot von leerstehenden Gewerbeimmobilien noch einige Zeit andauern wird.

Das Profitcenter „Bauunternehmen" erstellt alle Bauwerke im Hoch-, Ingenieur-, Gewerbe- und Wohnungsbau. Straßen-, Brücken- und Kanalbau sowie Einfamilienhäuser und Kleinbauten für private Kunden zählen nicht zur Angebotspalette. Die Stärke liegt beim Rohbau in der Ortbetonleistung und bei schlüsselfertigen Bauvorhaben in einem effizienten Projektmanagement. Als mittelständisches Bauunternehmen bewegt sich das Bauunternehmen auch auf dem Auftragsterrain der großen Bauaktiengesellschaften und bietet Objekte bis zu 20 Mio. Euro an.

Die Baubranche befindet sich im achten Jahr der Rezession und hat in dieser Zeit enorme substanzielle Verluste hinnehmen müssen. Besonders deutlich lässt sich dies anhand ausgewählter Kennzahlen (Abb. 1) zeigen:

**Strukturdaten des Bauhauptgewerbes**

|  | 1995 | 2003 | Veränderung absolut | in % |
|---|---|---|---|---|
| Anzahl der Betriebe mit mehr als 20 Beschäftigten | 16.637 | 8.619 | -8.018 | -48% |
| Beschäftigte insgesamt | 1.433.446 | 832.972 | -600.474 | -42% |
| Baugenehmigungen Anzahl Wohnungen | 638.630 | 290.000 *) | -348.630 | -55% |
| Baugenehmigungen 1.000 m³ Nichtwohngebäude | 219.163 | 179.000 *) | -40.163 | -18% |

*) Schätzung des Zentralverband Deutsches Baugewerbe ZDB
Quelle: Zentralverband Deutsches Baugewerbe, Analyse & Prognose 2004

*Abb. 1 Strukturdaten des deutschen Bauhauptgewerbes*

Arndt Frauenrath, Präsident des Zentralverband Deutsches Baugewerbe ZDB, sieht für den öffentlichen Bau aufgrund des Sparzwangs der öffentlichen Hand keine Besserung. Die schlechten wirtschaftspolitischen Rahmenbedingungen und die Halbierung der Neubauförderung verhinderten das Wiedererstarken der Bauwirtschaft. Das Jahr 2004 werde zwar eine spürbare Verlangsamung der Talfahrt bringen, die Hoffnung ruhe allerdings auf dem Jahr 2005.[2]

## 3.3 Mitwirkung der Abteilungen und Bereiche

Die Abteilungen Kalkulation und Arbeitsvorbereitung sowie Bauleitungsvertreter der Bereiche Roh- und Schlüsselfertigbau unterstützen bei allen technischen und den Bauablauf betreffenden Fragen. Zusätzlich benötigte Informationen werden von allen betroffenen Bereichen wie Rechnungswesen, Personalwesen, Einkauf und dem Qualitätsbeauftragten zur Verfügung gestellt. Konzeptionelle Anregungen hinsichtlich der KonTraG-Konformität wurden vor Beginn des Projekts bei einer Wirtschaftsprüfungsgesellschaft mit einschlägigen Branchenkenntnissen eingeholt. Eine Projektbetreuung durch diese Wirtschaftsprüfungsgesellschaft ist aus rechtlichen Gründen jedoch nicht möglich.

---

[2] Vgl. ZDB, Analyse & Prognose, 2004, Seite 6 – 7.

## 3.4 Schematische Darstellung der Vorgehensweise

Das Projekt wurde in die folgenden sieben Phasen gegliedert:

| Phase | Bezeichnung | Kurzbeschreibung |
|---|---|---|
| 1 | Vorarbeiten | Festlegung der Mitwirkenden und des Zeitplans; externe Datensammlung |
| 2 | Bestimmung der Risiken | Fragebogen, Einzelgespräche, Branchenerfahrungen ⇨ Durchführung einer **Risikoinventur** |
| 3 | Klassifizierung der Risiken | Sortierung nach Risikofeldern ⇨ Erstellung eines **Risikoinventars;** Bewertung der Risiken nach Eintrittswahrscheinlichkeit und Schwere der Störung ⇨ Erstellung eines **Risikoportfolios** |
| 4 | Definition von Kennzahlen und Werkzeugen zur Risikosteuerung | Sammlung und Bewertung vorhandener Werkzeuge; Festlegung von Kennzahlen und Meldegrößen; Ergänzung und Verbesserung der vorhandenen Werkzeuge |
| 5 | Festlegung der Informationskette bei Erreichung von Meldegrößen | Wer informiert wen bei Eintritt einer kritischen Kennzahl? Verantwortlichkeiten festlegen |
| 6 | Dokumentation des Risikomanagementsystems | Erstellung des Konzepts eines "**Risikohandbuches**" |
| 7 | Festlegen von Kontrollzeiträumen | Festlegung einer regelmäßigen Überprüfung des RMS und der enthaltenen Kennzahlen |

*Abb. 2   Schematische Darstellung der Vorgehensweise*

# 4 Bestimmung der Risiken

## 4.1 Definition „Risiko"

Eine gesetzliche Definition des Begriffes „Risiko" wird auch im KonTraG nicht getroffen. Daher beschreibt das Bauunternehmen den Begriff „Risiko" für sich wie folgt:

**„Ein Risiko ist die vorhandene Möglichkeit des Auftretens von Störungen, die den betrieblichen Erfolg negativ beeinflussen und im Extremfall den Fortbestand der Unternehmung gefährden können."**

Damit greift der hier beschriebene Risikobegriff durch Einbeziehung des gesamten Negativ-Potentials des betrieblichen Handelns weiter als die vom KonTraG angesprochenen „wesentlichen bzw. bestandsgefährdenden Risiken".

## 4.2 Ermittlung der Risiken (Risikoinventur)

Zur Ermittlung der Risiken wurden zum einen externe Quellen, wie z. B. der Zentralverband Deutsches Baugewerbe e. V., der Bayerische Bauindustrieverband e. V. und große Baukonzerne, wie HOCHTIEF AG oder STRABAG AG, herangezogen. Hier wurden vor allem Informationen zu den politischen und sozialen Risiken, zu den Risiken des wirtschaftlichen Umfelds und der Branchenrisiken gesammelt und so die Risikofelder eingegrenzt.

Die Ermittlung der firmenspezifischen Risiken erfolgte zweigleisig. Erstens durch Auswertung des im Anhang beigefügten Fragebogens (Abb. 3), der an über 100 Personen verteilt wurde. Damit wurde mehr als ein Drittel der Gesamtbelegschaft erreicht. Zweitens wurden mit Verantwortlichen aus allen Bereichen des Bauunternehmens Einzelinterviews geführt. Hierzu gehören die Geschäftsführer, der Qualitätsbeauftragte, alle Oberbauleiter und einzelne Bauleiter der Bereiche Rohbau und Schlüsselfertigbau, die Verantwortlichen der Abteilungen Einkauf, Arbeitsvorbereitung, Kalkulation, Personalwesen, EDV, Finanzbuchhaltung sowie Mitglieder des Betriebsrats. Die hierbei gewonnenen Erkenntnisse werden im Folgenden näher beschrieben. Die größten Risiken werden kurz umrissen. Das erstellte Risikoinventar wurde auszugsweise als Anhang beigefügt.

**Risiko-Fragebogen**

Durch gesetzliche Forderungen (u. a. KonTraG) sind wir verpflichtet, ein Risikomanagement einzurichten.

Dieser Fragebogen soll dazu dienen, die vorhandenen Risiken zu erkennen und zu bewerten. Er richtet sich in Stichproben an die Beschäftigten aus allen Bereichen. Bitte füllen Sie ihn soweit wie möglich aus und lassen Sie ihn der Abteilung Controlling zukommen. Sie können ihn auch persönlich im Controlling abgeben. Wir sind für jede Anregung dankbar.

Wir bitten um Rücksendung bis spätestens 10. Juli 2004. Vielen Dank für Ihre Mitarbeit!

**1. Allgemeine Fragen zu Ihrer Person**

Sind Sie eher technisch oder kaufmännisch/verwaltend tätig? ☐ technisch ☐ kaufm./verw.

Gehören Sie zum Führungspersonal? ☐ ja ☐ nein

Wie lange sind Sie in der Baubranche schon tätig? ______ Jahre

**2. Allgemeine Fragen zum Risikomanagement**

Glauben Sie, dass die Firma bereits in der Lage ist alle Risiken zu erkennen und entsprechende (Vorbeugungs-) Maßnahmen zu ergreifen? ☐ ja ☐ teilweise ☐ nein

Wer müsste Ihrer Meinung nach mehr für die Risikosteuerung tun? ☐ kaufmännischer Bereich ☐ technischer Bereich ☐ beide Bereiche

**3. Fragen zu den externen Risikofeldern**

Wie hoch schätzen Sie die Eintrittswahrscheinlichkeit und wie hoch die Gefährlichkeit eines einzelnen Schadensfalles?

Welche Einzelrisiken fallen Ihnen spontan zu den genannten Risikofeldern ein?
(Tragen Sie die Einzelrisiken bitte in die Zeilen unter den genannten Risikofeldern ein.)

| | Wahrscheinlichk. hoch | | | | geringer | Gefährlichkeit hoch | | | | gering |
|---|---|---|---|---|---|---|---|---|---|---|
| a) **Politische und soziale Risiken** | 5 | 4 | 3 | 2 | 1 | 5 | 4 | 3 | 2 | 1 |
| | | | | | | | | | | |

*Abb. 3 Ausschnitt aus dem Risiko-Fragebogen*

## 4.3 Politische und soziale Risiken

Diese Risiken umfassen vor allem die Einflüsse von Gesetzgebung, tariflichen Regelungen, Globalisierung und EU-Ost-Erweiterung, sowie das Ansehen und das Vertrauen in die Branche. Hier wurden insgesamt 20 verschiedene Risiken genannt, wobei die EU-Ost-Erweiterung als größtes Risiko bezeichnet wurde.

## 4.4 Risiken des wirtschaftlichen Umfeldes

Da das untersuchte Bauunternehmen hauptsächlich für staatliche und gewerbliche Bauherren baut, ist es von der allgemeinen wirtschaftlichen Lage, dem Investitionsverhalten der öffentlichen Hand und vor allem von der Erwartungshaltung der Kunden an die Zukunft abhängig. Als größte Risiken wurden hier das Ausbleiben von öffentlichen Aufträgen aufgrund leerer Staatskassen, sowie Investitionszurückhaltung bei den gewerblichen Auftraggebern infolge der unsicheren Zukunft und der schwachen konjunkturellen Lage angegeben. Insgesamt wurden hier 17 Risiken genannt.

## 4.5 Branchenrisiken

Die Baubranche hat hauptsächlich mit den folgenden Problemen zu kämpfen:

1. gesunkenes Bauvolumen (wie unter 3.4 bereits erläutert)
2. hoher Konkurrenzdruck, nicht zuletzt durch europäische und außereuropäische Konkurrenz
3. enormer Preisverfall

4. Kostenexplosion bei den Materialien (Stahl + 90 %, Zement + 40 %, Transportbeton + 15 %; Stand 30.06.04, Entwicklung seit Jahresbeginn)

5. schlechtes Rating bei den Kredit- und Bürgschaftsgebern, dadurch erschwerte Finanzierung des Geschäftsbetriebes und Vorfinanzierung der Bauvorhaben

6. schlechtes Zahlungsverhalten der Auftraggeber (auch der öffentlichen Hand)

7. ungenaue Ausschreibungen (oft von den Auftraggebern gewollt), die eine verlässliche Kalkulation und Planung nahezu unmöglich machen

8. vermehrter Einsatz von substituären Bauvarianten (Stahlbau, Holzbauweise, Glas-/Metallbau)

Die in dieser Aufstellung genannten Probleme treffen alle Unternehmen der Baubranche gleichermaßen.

## 4.6 Firmenspezifische Risiken

Die nun folgenden Risiken beziehen sich in ihren Auswirkungen ausschließlich auf das betrachtete Bauunternehmen. Risikoquellen können sowohl extern (z. B. Ausfall eines Kunden) als auch intern (z. B. Wahl der falschen Fertigungsweise) sein. Hier befindet sich auch das größte Kontroll- und Steuerungspotential.

### 4.6.1 Kalkulationsrisiken

Eine gern in der Baubranche aufgestellte Behauptung ist, dass „80 Prozent des Baustellenergebnisses in der Kalkulationsphase generiert werden und nur 20 Prozent durch die Bauausführung noch beeinflussbar sind". Obwohl diese Aussage nicht durch Fachliteratur belegt werden kann, zeigt die Erfahrung, dass Kalkulationsfehler während der Bauphase so gut wie nie kompensiert werden können. Die Bauauftragsrechnung umfasst die Kalkulation in ihren Stufen von der Vorkalkulation bis zur Nachkalkulation.[3]

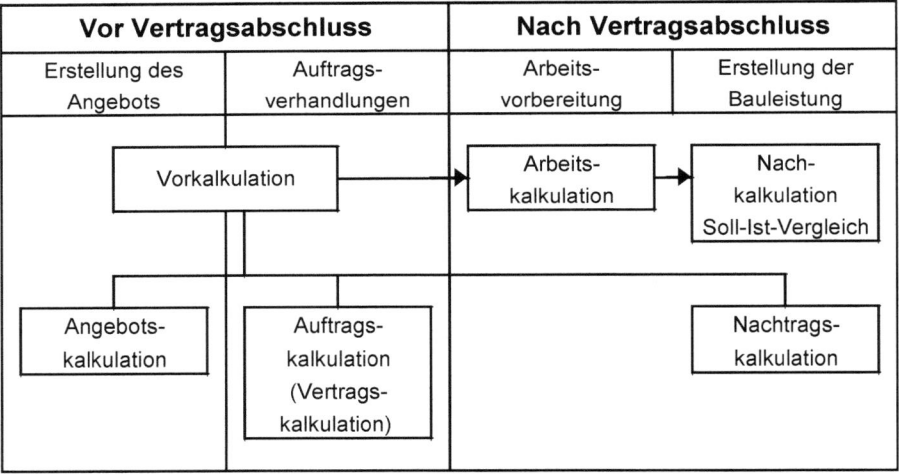

*Abb. 4 Einbindung der Kalkulation in die Bauauftragsrechnung*

Die Kalkulation begleitet das Bauprojekt über die gesamte Laufzeit hinweg und birgt eine Vielzahl von Risiken. Als größte externe Fehlerquelle wurde hier die zunehmend (von den Auftraggebern oft gewollte) schlechte Qualität der Ausschreibungen genannt. Diese erfül-

---

[3] Vgl. KLR Bau, 7. Auflage, 2001, Seite 30.

len zwar die Grundvoraussetzungen, können aber nur grob für eine Kalkulation verwendet werden. Hier muss der Kalkulator aufgrund eigener Erfahrungswerte Schätzungen vornehmen.

Die zweithäufigste Nennung war der enorme Zeitdruck. Anzahl und Umfang der Anfragen sowie die kurzen Abgabetermine überlasten oft die Kapazitätsgrenzen der Abteilung Kalkulation. Überstunden und Samstagsarbeit sind die Folge. Spezialgewerke werden lediglich mit Standardpreisen kalkuliert, da eine gründliche und damit zeitintensive Betrachtung nicht möglich ist.

Eine weitere externe Risikoquelle sind die Angebote von Nachunternehmern, die in die eigene Kalkulation mit einfließen. Diese Werte bilden nur einen ersten Anhaltspunkt. Sie werden bei Auftragserteilung aufgrund kurzer Bindefristen neu verhandelt.

Interne Risiken bei Kalkulationen können Fehlberechnungen bei den Massen (Mengen) und den Zeiten sein. Fehleinschätzungen der benötigten Baustellenausstattung, der Beschaffenheit des Baugrundes sowie sonstiger externer Beeinträchtigungen der Baustellen können zu einer falschen kalkulatorischen Bewertung führen.

Die kalkulatorischen Risiken wurden bei der Datenerfassung als der Bereich mit dem größten Kontrollbedarf genannt.

### 4.6.2 Vertragsrisiken

Es gilt hier zwei Vertragsarten zu unterscheiden: die Verträge mit Kunden und die Verträge mit Lieferanten und Nachunternehmern. Als Risikoquellen, die für beide Gruppen gelten, wurden hier unklare Formulierungen und Abweichungen zwischen Vertrag und Vertragsgrundlagen (Leistungsverzeichnisse, Leistungsbeschreibungen, Verhandlungsprotokolle) genannt.

Die Vertragsverhältnisse zu den Nachunternehmern werden hauptsächlich durch Standard-Verträge dominiert. Da diese in Zusammenarbeit mit einer Fachanwaltskanzlei für Baurecht erstellt wurden, ist das Risiko hier als gering einzustufen.

Anders verhält es sich bei den Verträgen mit den jeweiligen Auftraggebern. Diese Vertragsentwürfe werden von Bauherrenseite erstellt. Mit Ausnahme der Verträge mit öffentlichen Auftraggebern, die standardisierte Verträge verwenden, ist jeder Vertrag einzigartig und kann dadurch die unterschiedlichsten Risiken enthalten. Als größtes Risiko wurde die Vertragsprüfung hinsichtlich kaufmännischer und technischer Inhalte genannt. Ein besonderes Augenmerk ist unter anderem auf abweichende Vertragsinhalte (s. o.), fehlende Vertragsklauseln (Ausstiegsklausel, Preisgleitklausel, Leistungsbeschreibung = Definition des Bausolls, u. ä.) bzw. benachteiligende Klauseln (Bürgschaftsgestellung und Sicherheitseinbehalt, Pönale [= Konventional-, Vertragsstrafe], überhöhte Umlagen) zu legen. Ebenso müssen die Verträge auf Gesetzeskonformität (z. B. Vergabe- und Vertragsordnung für Bauleistungen VOB, AGB-Gesetz) von Vertragsbestandteilen hin überprüft werden.

### 4.6.3 Bau- und Produktionsrisiken

Aufgrund der Vielzahl der Baustellen, der vielen Einzelschritte innerhalb eines Bauvorhabens und der hohen Anzahl an beteiligten Personen mit den unterschiedlichsten Aufgaben liegt hier das quantitativ größte Gefahrenpotential. Übergreifend kann man hier die Risiken in die folgenden fünf Kategorien unterteilen:

- Arbeitsvorbereitung
- Baustellenorganisation
- Bauausführung
- Baustellennachbetreuung einschl. Abrechnung und Nachtragsmanagement
- Gewährleistungsrisiko

Im Bereich der Bau- und Produktionsrisiken gab es bei der Datenerhebung die meisten unterschiedlichen Nennungen. Da alle Unternehmensbereiche bei der Erstellung des Bauwerks zusammenwirken, überschneiden sich die genannten Probleme mit denen der anderen betrieblichen Risikofelder. Ein eindeutiger Schwerpunkt kristallisierte sich nicht heraus. Zeitdruck, schlechter Planvorlauf, qualitativ schlechte Nachunternehmer (durch Kostendruck), Unterbesetzung der Baustelle, unterqualifiziertes oder falsch eingesetztes eigenes Personal, Unter- oder Überdimensionierung von Baustellenausstattung und Witterungsabhängigkeit sind ein kleiner Auszug gleichrangiger Risiken, von denen jedes einzelne zu einer Störung des Bauablaufs führen kann.

### 4.6.4 Beschaffungsrisiken

Der Bereich der Beschaffung bezieht sich hier auf den externen Bezug von Roh-, Hilfs- und Betriebsstoffen, von Nachunternehmerleistungen und sonstiger Dienstleistungen. Das am häufigsten genannte Risiko war die extreme Preisschwankung (vor allem Preissteigerungen) bei den Rohstoffen, aber auch bei den Nachunternehmerleistungen. Schlechte Qualität von Material als auch von Nachunternehmern kam bei der Datenerfassung auf Rang zwei. Ursachen hierfür sind zum einen der hohe Preisdruck, der die Einkäufer zwingt, innerhalb der engen Vorgaben Material bzw. NU-Leistungen an der unteren Grenze des Anforderungsprofils zu beschaffen. Hier besteht auch eine höhere Insolvenzgefahr der Lieferanten und Nachunternehmer, da das Einlassen auf die niedrigen „Kampfpreise" oft ein Indiz für eine vorherrschende desolate finanzielle Situation ist. Zum zweiten wirkt sich auch in der Beschaffung der enorme Zeitdruck aus. Ausschreibungen müssen schnell versandt und die Antworten noch schneller ausgewertet werden. Dabei können hin und wieder nicht immer alle Angebote berücksichtigt werden. Hierzu können noch Kommunikationsdefizite zwischen den ausführenden Verantwortlichen der Baustelle und dem Einkauf kommen. Zu späte Anforderung oder zu ungenaue Anforderungsprofile der zu beschaffenden Materialien und NU-Leistungen können zu Fehlbestellungen oder verspäteten Lieferungen führen, die den Bauablauf teilweise empfindlich stören können.

### 4.6.5 Finanzrisiken

Bei den Finanzrisiken gibt es drei große Bereiche. Als erster großer Punkt ist hier die schlechte Zahlungsmoral der Auftraggeber zu nennen. Willkürliche Rechnungskürzungen, Zahlungszielüberschreitungen und das Bestreiten von berechtigten Nachträgen sind mittlerweile gängige Praxis. Und dies nicht nur bei den privaten und gewerblichen Auftraggebern, sondern vermehrt auch bei den Vertretern der öffentlichen Hand (Bauämter). Dies führt zu einem enormen Anstieg der offenen Posten (= Forderungen aus Ausgangsrechnungen), die erst mit deutlichem Zeitversatz und dann oft mit finanziellen Zugeständnissen geklärt werden. In diesen Bereich fällt auch das Insolvenzrisiko der Auftraggeber.

Das verschärfte Verhalten der Banken und Bürgschaftsgeber ist der zweite Sorgenpunkt. Die Auswirkungen von Basel II und Basel III sowie dem extrem schlechten Branchenrating erschweren die Gespräche mit den Banken. Verlängerungen oder Ausweitungen von Kontokorrentlinien bzw. Bauträgerfinanzierungen und sonstigen Krediten sind nur unter erschwerten Bedingungen (z. B. bisher unüblich hohe Sicherheitsleistungen) zu erhalten. Die Vorfinanzierung von Bauvorhaben kann dadurch gefährdet werden, was wiederum die fristgerechte Fertigstellung der Bauwerke beeinträchtigt.

Das dritte große Gebiet betrifft die eigene Organisation. Zum einen die Rechnungsstellung, die verspätet erfolgen kann. Abschlagsrechnungen können zu spät, bzw. nicht gemäß Zahlungsplan gestellt werden, oder die Endabrechnung der Bauvorhaben erfolgt lange nach Baufertigstellung. Zum anderen können handwerkliche Mängel wie fehlende Pläne, fehlendes Aufmaß, Fehler bei der Aufrechnung bereits geleisteter Zahlungen und nicht zuletzt ein fehlerhafter Ausweis der Umsatzsteuer die Rechnungsprüfung durch den Auftraggeber verzögern. Dies kann im Extremfall zur Erklärung der Unprüfbarkeit (§ 14 Abs. 1 VOB/B) und der Rücksendung der Rechnung führen.

### 4.6.6 Personalrisiken

Das von den befragten Personen am häufigsten genannte Risiko war eine lückenhafte Stellvertreterregelung für die Führungskräfte. Besonders die mangelhafte Vertretungsregelung für die Geschäftsführung wurde kritisiert. Ebenso wurde die Vertretung der Oberbauleiter, Bauleiter und anderen Führungskräfte nicht durchgängig zufriedenstellend geregelt. Als weiterer Risikopunkt wurde schlechte qualitative Leistung des eigenen Personals genannt. Ursachen können zum einen zu geringe Aus- und vor allem Weiterbildung sein, zum anderen mangelnde Einsatzbereitschaft und fehlende Motivationsanreize. Hier muss auf die, von einem Teil der Befragten als mangelhaft empfundene, Verteilung der Verantwortung und Kompetenzen auf die Bauleiter hingewiesen werden. Dies kann zu Unzufriedenheit im Bauleitungsbereich führen.

Im Personalbereich ist somit nicht nur das Beschaffen von Fachkräften, sondern auch der Erhalt der Leistungsträger von Bedeutung. Fehlbesetzungen, Selbstüberschätzung und Betriebsblindheit waren vereinzelt genannte Risiken.

### 4.6.7 Interne Risiken

Hier werden alle Risiken der internen Organisation, der Kommunikation, der Ausrüstung mit notwendigen Betriebsmitteln sowie aller sonstigen vorhandenen Risiken zusammengefasst. Das am häufigsten genannte Risiko war mangelnde Kommunikation. Sei es zwischen dem kaufmännischen und dem technischen Bereich, zwischen Bauleitung und Baustellenpersonal, zwischen den Abteilungen oder zwischen Geschäftsleitung und Belegschaft. Kommunikationsdefizite wurden in allen Bereichen bemängelt. Ebenfalls als kritisch werden mangelhafte bzw. veraltete Aufbau- und Ablauforganisation sowie fehlende Dokumentationen gewertet. Eine große Risikoquelle wird auch im Fehlen (oder eventuell nicht Kommunizieren) einer strategischen Langfristplanung (Wo sieht sich das Unternehmen in 20 Jahren?) gesehen. Neben diesen Risiken wurden unter anderem noch Datenschutz und Datensicherheit, fehlende Notpläne, Ausrüstung, die nicht auf dem aktuellen Stand der Technik ist und Katastrophen, wie Brände und Hochwasser genannt.

# 5 Klassifizierung der einzelnen Risiken und Einordnung in ein Risikoportfolio

## 5.1 Risikoinventar

Alle bei der Risikoinventur genannten Risiken wurden den zuvor genannten Risikofeldern zugeordnet. Gleichartige Risiken wurden zusammengefasst und Doppelnennungen eliminiert. Zu den genannten Risiken wurden jeweils geeignete Kontrollwerkzeuge vermerkt, ein Kontrollzyklus und die verantwortlichen Kontrollinstanzen festgelegt. Diese Tätigkeit konnte aufgrund des großen Umfangs bis zum Ende der Projektarbeit nicht vollständig abgeschlossen werden, so dass das im Anhang beigefügte Risikoinventar (Abb. 5) hauptsächlich bei den technischen Bereichen noch Lücken aufweist. Diese werden im Laufe der nächsten Monate noch gefüllt. Ziel ist es, dass das komplette Risikoinventar spätestens zur Jahresabschlussprüfung durch die Wirtschaftsprüfer vorliegt.

**Risikoinventar**
Risikofeld: **FINANZRISIKEN**

Anzahl der Einzelrisiken: 9

| lfd. Nr. | Bezeichnung Einzelrisiko | W | G | Kontrollwerkzeug | Kontrollzyklus | Kontrollinstanz |
|---|---|---|---|---|---|---|
| 1 | Betriebsmittelkredite und Vorfinanzierungskredite durch Branchenrating schwer zu bekommen; Kreditbereitschaft der Banken sinkt | | | Eigenrating der Quartalsbilanzen | quartalsweise | Fibu |
| 2 | Bonität der Bauherren schlecht / Finanzrisiken bei privaten Bauherren / Insolvenz des Bauherrn (Vorprüfung erforderlich) | | | Bonitätsauskünfte (Creditreform, Gerling) | bei Bedarf | Fibu Bauleitung |
| 3 | Haftung - Gewährleistung (Rückstellungen sind zu bilden) | | | Quartals-Bilanzen | quartalsweise | Fibu Bauleitung tech. GF |
| 4 | Nachträge, finanzielle Baustellenprobleme werden viel zu spät geklärt | | | Liste Nachträge (bedingt: Betriebsabrechnung) | monatlich | Bauleitung tech. GF |
| 5 | Rechnungsstellung unvollständig und zu spät | | | Baustellenliquiditätsliste (bedingt: Betriebsabrechnung) | monatlich | Fibu Bauleitung Controlling |

*Abb. 5   Ausschnitt aus dem Risikoinventar*

## 5.2 Risikoportfolio

Nach BITZ muss für jedes identifizierte Einzelrisiko das Gefährdungspotential ermittelt werden, das auf Bezugsgrößen wie Umsatz oder Gewinn einwirkt.[4] Dies geschieht durch Bewertung der Höhe des maximal drohenden Vermögensverlustes und der Eintrittswahrscheinlichkeit des Schadens.

Unterschieden wird hier zwischen quantifizierbaren Risiken, bei denen ein jährlicher Gesamterwartungswert je Risiko errechnet wird, und qualifizierbaren Risiken, bei denen die Einteilung nur in Schadenshöhens- (gering, mittel, schwerwiegend) und Wahrscheinlichkeitsclustern (unwahrscheinlich, möglich, wahrscheinlich, sehr wahrscheinlich) erfolgt.

Die Bewertungen für die Risikofelder wurden bisher nur nach qualifizierbaren Gesichtspunkten gemacht. So konnten die ersten Aussagen bereits nach relativ kurzer Zeit getroffen werden. Das Ergebnis ist das nachfolgende Risikoportfolio (Abb. 6).

---

[4] Vgl. Bitz, Risikomanagement nach KonTraG, 2000, Seite 40 ff.

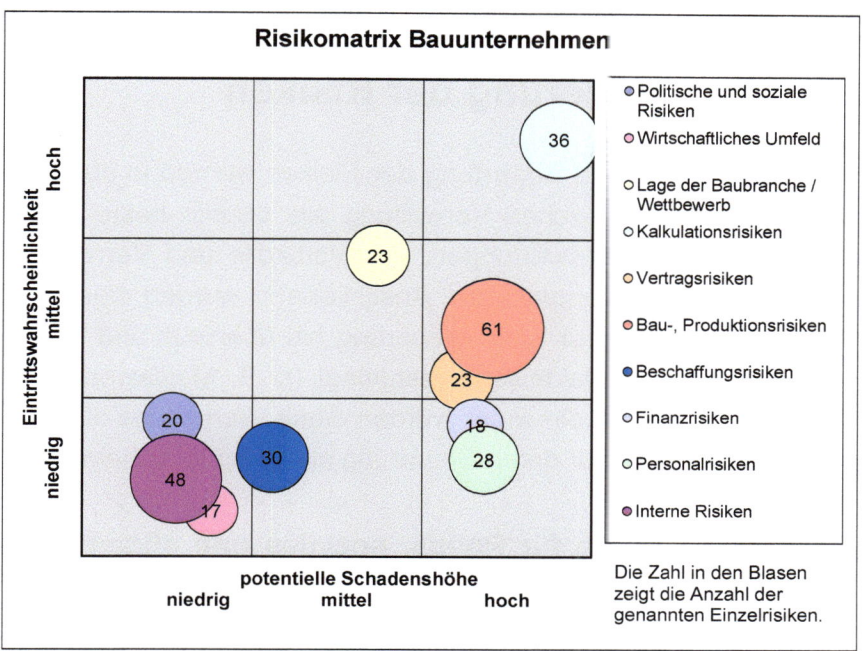

*Abb. 6   Risikomatrix*

Deutlich zeigt sich hier die Dominanz des Risikofeldes „Kalkulationsrisiken". Überraschend ist die hohe Bewertung der Lage der Baubranche und des Wettbewerbs. Aus dem vorliegenden Risikoportfolio lässt sich die Rangfolge der zu regelnden Risikofeldern ablesen. Zuerst Kalkulations-, dann Bau- und Produktionsrisiken, gefolgt von Vertrags-, Finanz- und Personalrisiken. Für den Bereich Baubranche/Wettbewerb kann aufgrund der fehlenden Beeinflussbarkeit nur ein Überwachungsinstrument kreiert werden. Die verbleibenden Risikofelder genießen nur niedere Priorität und werden sukzessive abgearbeitet.

# 6 Definition von Kennzahlen und Werkzeugen zur Steuerung der Risiken

Nach der Erfassung und Bewertung der Risiken wurden in der kaufmännischen und technischen Verwaltung alle bereits bestehenden Informationsquellen, Auswertungen, Prüfprotokolle und Verfahrensanweisungen zusammengetragen. Anschließend wurden diese Medien auf ihre Eignung zur Risikosteuerung hin überprüft und vereinzelt Schwellen- oder Meldewerte festgelegt (z. B. Meldewert AGK-Quote: > 5 %). Im Risikoinventar wurden diese Werkzeuge den Einzelrisiken zugeordnet, für deren Steuerung sie geeignet scheinen.

## 6.1 Frühindikatoren für Politik, soziales und allgemeines wirtschaftliches Risiko, Lage der Baubranche

Für die Beschaffung dieser Daten stehen bereits einige Quellen zur Verfügung. Zum einen erhält das Bauunternehmen durch die Teilnahme an der ifo-Konjunkturumfrage Bauhauptgewerbe West monatlich den Auswertungsbogen mit den Trends und Erwartungshaltungen. Das gleiche gilt für den NTC-Konjunkturindikator für den deutschen Bausektor. Weitere Quellen sind der Informationsdienst der bayerischen Bauwirtschaft „id" und das Zahlenwerk des Zentralverbands Deutsches Baugewerbe. Aus diesen Berichten werden die wichtigsten Daten herausgezogen und auf einem, noch im Aufbau befindlichen, Kennzahlenblatt zusammengefasst. Diese Zahlen umfassen vorerst nur Werte der Bauwirtschaft. Durch die Bewertung der Erwartungshaltung der Firmen geben sie aber bereits jetzt ein Bild über die erwartete gesamtkonjunkturelle Entwicklung. Das Kennzahlenblatt soll später um weitere Indizes (z. B. Investitionsgüter-, Automobilindustrie als Kundengruppen) erweitert werden. Ziel dieser Beobachtung ist es, frühzeitig eine Trendwende des Konjunkturzyklus und damit Veränderungen des Investitionsverhaltens der anderen Branchen und der öffentlichen Hand zu erkennen.

## 6.2 Betriebsinterne Kennzahlen und Werkzeuge

Hier erfolgte eine Bewertung der vorhandenen Informations- und Zahlenwerke der betrieblichen Prozesse. Hierbei werden technische Werkzeuge (Nachkalkulation, Stunden-Soll-Ist-Vergleiche, B2-Prüf-Protokolle etc.) und kaufmännische Werkzeuge (Betriebsabrechnung, Liquiditätslisten, Quartals-Gewinn- und Verlustrechnungen und Bilanzen etc.) unterschieden. Im Folgenden werden einige technischen Werkzeuge kurz angerissen, ohne ins Detail zu gehen. Die kaufmännischen Werkzeuge werden anhand der Beispiele „monatliche Betriebsabrechnung" und „Chefliste" näher erläutert. Weitere kaufmännische Werkzeuge werden kurz angesprochen.

### 6.2.1 Technisch orientierte Werkzeuge

Aufgrund der Organisation des Bauunternehmens werden die Abteilungen Einkauf und Kalkulation dem technischen Bereich zugerechnet.

Zur Kontrolle des Bauablaufes gehört zum einen die Prüfung des Materials. Hierzu zählen die Bewehrungsabnahme (Kontrolle der Baustahlarmierung des Stahlbetons) und die Betonprüfung nach DIN 1045. Die Betonprüfung ist durch die 30-seitige Arbeitsanweisung für B I und B II Baustellen geregelt.

Weitere Kontrollverfahren sind die ständigen Vermessungen. Vor Baustellenbeginn muss ein öffentlich bestelltes Vermessungsbüro die Lage des Bauwerks auf dem Grundstück abstecken. Erst nach Freigabe durch die Baubehörden darf die Bauunternehmung das Schnurgerüst aufstellen. Während der Bauphase werden von den Polieren und Bauleitern immer wieder <u>Kontrollmessungen</u> mit Hilfe von Nivelliergeräten und Theodoliten vorgenommen und dokumentiert.

Nach dem Planerhalt findet die <u>Plankontrolle</u> durch den ausführenden Bauleiter statt. Der Plan wird mit dem Leistungsverzeichnis verglichen und auf technische Durchführbarkeit gemäß den Regeln der Technik und den technischen Vorschriften der DIN überprüft.

Die Verordnung über Sicherheit und Gesundheitsschutz auf Baustellen regelt die laufende Überwachung der Unfallverhütungsvorschriften (UVV's) durch den SIGE-Koordinator, der entweder vom Bauherrn gestellt oder durch das Bauunternehmen beauftragt wird. Dieser besonders geschulte SIGE-Koordinator erstellt einen Sicherheits- und Gesundheitsschutzplan (<u>SIGE-Plan</u>), der die Arbeitssicherheit auf der Baustelle gewährleistet. Das Haftungsrisiko liegt hier zum großen Teil beim SIGE-Koordinator.

Ein weiteres Kontrollwerkzeug ist die Kontrolle der Eigen- und Nachunternehmerleistung durch Aufmaß- und Bauzeitenpläne. Hier werden in großem Umfang Detailterminpläne für einzelne Leistungen eingesetzt.

In der Eigenleistung werden Stunden-Soll-Ist-Vergleiche durchgeführt. Hier werden die kalkulierten Stundenansätze gemäß Bauarbeitsschlüssel (BAS) mit den tatsächlich angefallenen Stunden verglichen. Abweichungen müssen auf ihre Ursachen hin überprüft werden. Ursachen hierfür können falsche Stundenzuordnungen durch die Poliere oder zu niedrige Vorgabewerte der Kalkulation sein.

### 6.2.2 Monatliche Betriebsabrechnung

Das betrachtete Bauunternehmen erstellt die Betriebsabrechnung als modifizierte Deckungsbeitragsrechnung mit fünf DB-Stufen. Sie umfasst die Baustellenabrechnung nach Leistungsstand zu Istpreisen und die Hilfskostenstellenabrechnung inklusive der innerbetrieblichen Leistungsverrechnung. Hierzu kommen betrieblich relevante Kennzahlen wie Auftragseingang und Auftragsbestand als Plan-Ist-Vergleich, geleistete Stunden als Plan-Ist-Vorjahres-Vergleich und der Krankenstand als Ist-Vorjahresvergleich. Kernstück der Betriebsabrechnung ist die Leistungsmeldung (Abb. 7 und 8). Hier bewerten die verantwortlichen Bauleiter den Wert des Bauvorhabens zum Stichtag zu Verkaufspreisen. Außerdem werden die Leistungen der Nachunternehmer bewertet, dem Vergabebudget und den tatsächlichen Vergaben gegenübergestellt und so das Vergabeergebnis transparent gemacht. Bei einer Fremdleistungsquote von mehr als 50 % der Gesamtbauleistung ist die Kontrolle der Fremdleistungskosten für die Ergebnisprognose von entscheidender Bedeutung.

Durch die Bearbeitung und Auswertung der Leistungsmeldungen werden die Baustellenergebnisse ermittelt. Im Vergleich mit den gemeldeten Prognose- und den Vorperiodenergebnissen sind Fehlentwicklungen schnell zu identifizieren. Abweichungen bei den Nachunternehmerkosten werden erkannt und können durch die Bauleitung weiter überprüft werden. Bauzeitenüberschreitungen können grob erkannt und sowohl im Auftragsbestand als auch durch Bildung von Rückstellungen für drohende Vertragsstrafen bzw. Pönale berücksichtigt werden.

| Leistungsmeldung | Monat | Juni 2004 | Bau-Nr.: | 737580 | |
|---|---|---|---|---|---|
| Baustellenbezeichnung: **Musterbauvorhaben** | Oberbauleiter: Müller F. Bauleiter R: Maier Bauleiter A: Schmidt | | Baubeginn: Bauende: Bauzeit in Mon. | ############ November 2004 15 | |
| | Gesamt Auftrag in Euro | Eigenleistung in Euro | Fremdleistung Rohbau in Euro | Ausbau in Euro | Bemerkungen |
| **1. Auftragsübersicht** | | | | | |
| Auftragssumme (evtl. berichtigt) | 1.956.931 | 297.112 | 742.003 | 917.816 | |
| Leistungen, für die noch kein Auftrag vorliegt | 10.500 | | 10.500 | | |
| Stundenlohnarbeiten | 0 | | | | |
| **Gesamtauftragssumme** | 1.967.431 | 297.112 | 752.503 | 917.816 | |
| **Bisher ausgeführte Leistung Summe 6** | 1.753.846 | 295.000 | 695.552 | 763.294 | |
| **Restauftragsbestand** | 213.585 | 2.112 | 56.951 | 154.522 | |
| Mehrung bzw. -minderung des LW zum Vormonat | 558.195 | 169.813 | 148.688 | 239.694 | |
| **2. Schlußgerechnete Leistungen** | | | | | |
| **Summe 2** | 0 | 0 | 0 | 0 | |
| **3. Nicht schlußgerechnete Leistungen** | | | | | |
| Vertragsleistungen | 1.743.346 | 295.000 | 685.052 | 763.294 | |
| Genehmigte Nachträge | 0 | | | | |
| Nicht genehmigte Nachträge | 10.500 | | 10.500 | | |
| **Summe 3** | 1.753.846 | 295.000 | 695.552 | 763.294 | |
| **4. Leistung Summe 2 + 3** | 1.753.846 | 295.000 | 695.552 | 763.294 | |
| **5. Leistungserhöhungen** | | | | | |
| **Summe 5** | 0 | 0 | 0 | 0 | |
| **6. Gesamtleistung Summe 4 + 5** | 1.753.846 | 295.000 | 695.552 | 763.294 | |
| **7. Leistungsminderungen** | | | | | |
| Zu erwartende Rechnungsabstriche | 10.500 | | 10.500 | | |
| Voraussichtlich anfallende Nacharbeiten | 6.000 | 6.000 | | | |
| **Summe 7** | 16.500 | 6.000 | 10.500 | 0 | |
| **8. Leistungswert für Betriebsabrechnung** | 1.737.346 | 289.000 | 685.052 | 763.294 | |
| *Einschätzung Erg. zum BST-Ende in Euro* | 255.000 | 35.000 | 100.000 | 120.000 | |

*Abb. 7   Deckblatt einer Leistungsmeldung (Ausschnitt)*

| Aufstellung der Subunternehmerleistungen "Rohbau" | | | | | | BV: | 737580 | Musterbauvo |
|---|---|---|---|---|---|---|---|---|
| Koa.Nr. | Bezeichnung | Kalkulation | | | Subunternehmer | Vergabe-summe in Euro (evtl. bericht.) | Lstg. in % | Leistung Sub per Stichtag (Kosten) |
| | | beauftr.Summe (Auftragswert) evtl. berichtigt | altern. DB in % | abzügl. Deck. 12,0% | | | | |
| 49200 | Fremdplanung, -statik | 32.882 | | 28.936 | Albus | 26.843 | 100% | 26.843 |
| 49210 | Einrichten der Baustelle | | | | | | | |
| 49220 | Erdarbeiten | 89.980 | | 79.183 | Dorsch | 58.492 | 100% | 58.492 |
| 49230 | Gründungs-, Verbauarbeiten | | | | | | | |
| 49250 | Erschließung | | | | | | | |
| 49300 | Ortbetonleistung fremd | 103.558 | 30% | 72.491 | BBS | 37.050 | 100% | 37.050 |
| 49305 | Verfugungsarb. (Rohbau) | | | | | | | |
| 49320 | Beton- u. Stahlbetonfertigteile | 379.675 | | 334.114 | Betonwerk Neuend | 376.400 | 85% | 319.940 |
| 49330 | Maurerarbeiten | 7.484 | | 6.586 | Amrhein | 4.400 | 100% | 4.400 |
| 49395 | sonst. Rohbauarb./Porenbeton | 138.924 | | 122.253 | Ytong | 97.299 | 100% | 97.299 |
| | Kleinrechnungen Sub | | | | | | | |
| **Summe Subleist. Rohbau:** | | **752.503** | | **643.562** | | **600.483** | | **544.023** |

*Abb. 8   Subleistungsblatt einer Leistungsmeldung (Ausschnitt)*

Die Baustellenabrechnung enthält neben den ermittelten Abgrenzungswerten der Leistungsmeldungen alle gebuchten Kosten und Erlöse der Finanzbuchhaltung, die Werte der Personalbuchhaltung und der innerbetrieblichen Leistungsverrechnung. Somit kann ein exaktes Perioden-, Jahres- und Gesamtbaustellenergebnis ermittelt werden. Im nachrichtlichen Teil der Betriebsabrechnung werden die aktuelle Rechnungsschreibung und die Baustellenliquidität ausgewiesen (siehe Abb. 9).

| Verdichtung nach Summen | Währung EUR 737740 Muserbauvorhaben AG: J. u. A. Muster GbR | | | Datum: 22.06.2004/10:14:56 | |
|---|---|---|---|---|---|
| Koa.Bez. | Baubeginn - Ende VJ Beginn- 31.12.2003 | laufendes Jahr 01.01.2004- 31.05.2004 | Vor- periode 01.04.2004- 30.04.2004 | laufende Periode 01.05.2004- 31.05.2004 | Baubeginn - lfd. Period. Beginn- 31.05.2004 |
| *** Lohnkosten | 351 | 17.330 | 13.584 | 3.465 | 17.682 |
| *** Materialkosten |  | 42.609 | 25.515 | 17.094 | 42.609 |
| *** Hilfs- und Betriebsstoffe | 7 | 598 | 303 | 290 | 605 |
| *** R+S Fremdreparatur |  | 190 | 65 | 125 | 190 |
| *** Fremdmieten |  | 8.223 | 5.682 | 2.542 | 8.223 |
| *** Innerbetriebliche Verrechnung | 203 | 12.407 | 7.454 | 4.456 | 12.610 |
| * Subleistung Rohbau |  | 191.753 | 76.009 | 115.744 | 191.753 |
| *** Summe Subleistungen |  | 191.753 | 76.009 | 115.744 | 191.753 |
| ***** **Herstellkosten** | **562** | **273.112** | **128.611** | **143.716** | **273.673** |
| *** Steuern und Versicherungen |  | 2.298 | 608 | 1.274 | 2.298 |
| *** Verwaltungskosten |  | 15.180 | 4.477 | 4.734 | 15.180 |
| ***** **Selbstkosten** | **562** | **290.589** | **133.697** | **149.723** | **291.151** |
| *** Leistungen Eigen | 611 | 94.389 | 50.000 | 35.000 | 95.000 |
| *** Leistung Rohbau fremd |  | 242.943 | 111.489 | 131.454 | 242.943 |
| ***** **Gesamtleistung** | **611** | **337.332** | **161.489** | **166.454** | **337.943** |
| ***** **Gesamtergebnis** | **49** | **46.743** | **27.792** | **16.731** | **46.792** |
| ***** **Gesamtergebnis in %** | **8,1** | **13,9** | **17,2** | **10,1** | **13,8** |
| *** Ergebnis Eigenleistung | 49 | -4.447 | -7.688 | 1.021 | -4.398 |
| *** Erg. Eigenleistung in % | 8,1 | -4,7 | -15,4 | 2,9 | -4,6 |
| *** Ergebnis Rohbau fremd |  | 51.190 | 35.480 | 15.710 | 51.190 |
| *** Erg. Rohbau fremd in % |  | 21,1 | 31,8 | 12 | 21,1 |
| **Nachrichtlicher Teil:** |  |  |  |  |  |
| Erhaltene Abschlagsrechnungen (Sub) |  | 121.650 |  | 111.650 | 121.650 |
| Gestellte Abschlagsrechnungen |  | 200.000 |  | 200.000 | 200.000 |
| Skontoerträge |  | 2.317 | 69 | 2.203 | 2.317 |
| Skontoaufwand |  | -6.000 |  | -6.000 | -6.000 |
| Erhaltene Zahlungen |  | 199.000 | -1.000 | 200.000 | 199.000 |
| - Geleistete Zahlungen | 555 | 194.051 | 36.985 | 153.305 | 194.606 |
| = Baustellenliquidität | -555 | 4.949 | -37.985 | 46.695 | 4.394 |

*Abb. 9 verdichtete Baustellenabrechnung (Ausschnitt)*

Die Baustellenabrechnung gibt es in der unter Abb. 9 gezeigten, verdichteten Version, die monatlich über den technischen Geschäftsführer an alle Bauleiter verteilt wird. Daneben gibt es sie noch als ausführliche Version (Abb. 10), in der alle Kosten- und Leistungsarten inklusive Mengen aufgeführt werden. Diese Version wird von der Abteilung Controlling zur Bearbeitung der Leistungsmeldungen und zur Kontrolle der Baustellen verwendet. Die Bauleiter erhalten diese Liste zu Kontrollzwecken auf Anfrage.

| Baustellenlangauswertung | Währung EUR 737740 Musterbauvorhaben AG: J. u. A. Muster | | Datum: 22.07.2004/10:31:56 | | |
|---|---|---|---|---|---|
| Koa.Nr. Koa.Bez. | Baubeginn - Ende VJ Beginn- 31.12.2003 | laufendes Jahr 01.01.2004- 31.05.2004 | Vor- periode 01.04.2004- 30.04.2004 | laufende Periode 01.05.2004- 31.05.2004 | Baubeginn - lfd. Period. Beginn- 31.05.2004 |
| 41110 Grundlöhne und Überstunden | 218 | 6.473 | 4.720 | 1.568 | 6.691 |
| | 15 | 424 | 310,5 | 101 | 439 |
| 41140 Zeitzuschläge (Überstd, Sonn-, Feier | | 25 | 25 | | 25 |
| 41160 Ausbildungsvergütung f. gew. Azubi | | 609 | 609 | | 609 |
| | | 136 | 136 | | 136 |
| 59002 Soziale Lasten AP | 133 | 8.166 | 6.214 | 1.856 | 8.299 |
| 41290 Teil eines 13. Monatseinkommen | | 38 | 38 | | 38 |
| 41320 Fahr-u. Wegegelder AP (Steuer + S\ | | 114 | 114 | | 114 |
| 41390 Verpflegungszuschuß (steuerfrei) | | 225 | 184 | 41 | 225 |
| 49390 Sonst. Rohbauarb. verb. Untern. | | 1.680 | 1.680 | | 1.680 |
| *** Lohnkosten | 351 | 17.330 | 13.584 | 3.465 | 17.682 |

*Abb. 10 Baustellenabrechnung (Ausschnitt)*

Neben den technischen Werkzeugen (z. B. Stunden-Soll-Ist-Vergleich) dient die Baustellenabrechnung zur Nachkalkulation.

Die einzelnen Baustellenabrechnungen werden nach Produktionssparten verdichtet und zusammen mit den anderen betrieblichen Bereichen als Firmenübersicht (Abb. 11) ausgewertet. Damit können unter anderem Aussagen über die Rentabilität der einzelnen Sparten getroffen werden. Im Zeitvergleich stellt sich so heraus, ob eine Sparte die Erwartungen erfüllt oder aus der Angebotspalette gestrichen werden sollte. So konnte erkannt werden, dass die Sparte „Brückenbau" bisher nicht rentabel betrieben wurde. Die vereinzelte Annahme von Brückenbauaufträgen erfolgt nunmehr nur noch aus firmenpolitischen Gründen. Außerdem kann aus der Firmenübersicht die Höhe der nicht auf Baustellen verrechneten „Allgemeinen Geschäftskosten" ersehen werden. Hier liegt die in der Baubranche angepeilte Richtgröße bei fünf Prozent der Bauleistung. Das Deckblatt der Betriebsabrechnung stellt die Gesamtleistung und das Betriebsergebnis im Vergleich zu Plan und Vorjahr dar. Durch ausgewählte Kennzahlen wie Auftragseingang und –bestand, Anzahl der

Beschäftigten, geleistete Stunden und Krankenstand wird auf einer Seite ein schneller Überblick über die aktuelle Gesamtsituation des Betriebs verschafft.

Alles in allem dient die Betriebsabrechnung zur Überwachung der Baustellen, zur Nachkalkulation, zur Kontrolle der Eigenleistungs- und Nachunternehmerkosten, zur Baustellenliquiditätsüberwachung und damit der Liquiditätssicherung der gesamten Firma.

| | **Firmenübersicht Bauunternehmen** | | | | | | | | |
|---|---|---|---|---|---|---|---|---|---|
| | **Betriebsabrechnung Mai 2004** | | | | | | | | |
| | 01.05.2004 bis 31.05.2004 | | | | | | | | 01.01.200 |
| | Ext.Kost. | Int.Kost. Belastung | Int.Kost. Entlastung | Ges.Kost. | Leistung | Deck.Beitr | % | Ext.Kost. | Int.Kost. Belastung | Int.Kost. Entlastung |
| 1.1 Wohnungsbau | -316 | -37 | | -353 | 445 | 93 | 20,8% | -2.170 | -259 | |
| 1.2 Brückenbau | -162 | -22 | | -185 | 165 | -20 | -11,9% | -462 | -92 | |
| 1.3 Industriebau | -2.407 | -142 | | -2.549 | 2.742 | 193 | 7,0% | -7.625 | -596 | |
| 1.4 Konstr. Hochbau | -2.655 | -509 | | -3.164 | 3.299 | 135 | 4,1% | -11.210 | -2.295 | |
| 3.3 Sparte 3 | -5 | -33 | | -38 | 37 | -1 | -2,7% | -14 | -104 | |
| **Deckungsbeitrag 1** | **-5.707** | **-767** | **22** | **-6.452** | **6.869** | **417** | **6,1%** | **-21.996** | **-3.439** | **125** |
| Ausführung u. Ltg. | -206 | -82 | 185 | -103 | 11 | -92 | -857,0% | -1.642 | -222 | 1.006 |
| Hilfskostenstellen | -232 | -1.107 | 1.341 | 2 | 11 | 13 | 114,3% | -1.053 | 867 | 207 |
| Allg.Reparaturen | -1 | | | -1 | | -1 | | -5 | | |
| Soziale Lasten | -447 | -11 | 435 | -23 | | -23 | 5668,1% | -1.638 | -14 | 1.552 |
| **Deckungsbeitrag 3** | **-6.593** | **-1.966** | **1.982** | **-6.577** | **6.891** | **314** | **4,6%** | **-26.336** | **-2.808** | **2.890** |
| Pacht, ZVW | -102 | | | -102 | | -102 | | -508 | | |
| **Deckungsbeitrag 4** | **-6.695** | **-1.966** | **1.982** | **-6.679** | **6.891** | **212** | **3,1%** | **-26.844** | **-2.808** | **2.890** |
| Anteil. Ergeb. ARGE | | | | | | | | | | |
| **Deckungsbeitrag 5** | **-6.695** | **-1.966** | **1.982** | **-6.679** | **6.891** | **212** | **3,1%** | **-26.844** | **-2.808** | **2.890** |

Allgemeine Geschäftskosten in T€
Allgemeine Geschäftskosten in % von Bau

*Abb. 11 Firmenübersicht Betriebsabrechnung (Ausschnitt)*

### 6.2.3 „Chefliste"

Bei der „Chefliste" (Abb. 12) handelt es sich um eine Auswertung, die seit September 2002 brachlag. Im Zuge der Entwicklung des RMS wurde diese wiederbelebt. In der „Chefliste" werden alle Bauvorhaben auf Liquiditäts- und Ergebnisgesichtspunkte überprüft. Als erstes findet die sogenannte „kleine Prüfung" statt. Hier wird die Plausibilität der gemeldeten Leistung überprüft. Die gemeldete Leistung wird mit den gestellten Rechnungen und dem Geldeingang verglichen. Größere Abweichungen (mehr als 15 % der gemeldeten Leistung) werden überprüft. Hier kann es sich um eine zu hohe Leistungsmeldung, um vernachlässigte Rechnungsschreibung oder um sonstige Probleme mit dem Auftraggeber handeln, die zu einer Zahlungsverzögerung geführt haben. Abweichungen von Leistung zu Rechnungsstellung und Zahlung werden durch grüne bzw. rote Felder dargestellt. Weiterhin werden in der „Chefliste" die offenen Posten, die Rückstellungen der Betriebsbuchhaltung für drohende Erlösminderungen und, pro Quartal, die Einzelwertberichtigungen der Finanzbuchhaltung gegenübergestellt. Dies dient unter anderem zur Bewertung der Forderungen. Außerdem wird das aktuelle Baustellenergebnis mit dem prognostizierten Endergebnis verglichen. Der Saldo aus beiden Werten wird mit dem ebenfalls in dieser Liste ermittelten Restauftragsbestand ins Verhältnis gesetzt. So kann eine Aussage darüber getroffen werden, wie viel Ergebnispotential noch im Restauftragsbestand steckt.

| Auswertung der Bauvorhaben | | | | | | Stand: Mai 2004 | | | | | 25.06.2004 |
|---|---|---|---|---|---|---|---|---|---|---|---|
| Bst.Nr. | Bezeichnung | Auftrags-summe Gesamt | Leistungs-wert Gesamt | Erlös-mind. Gesamt | Kosten Gesamt | Ergebnis Gesamt | Gesamt-rechnungs-stellung | Gesamt-Geld-eingang | Netto-offene Forder. | Rest-leistung Gesamt | Gesamt-prognose zum Bst.end | Diff. Ist-Erg. Prog. |
| 701721 | MU Grabarbeiten | 330 | 352 | | -256 | 95 | 352 | 340 | 12 | 0 | | |
| 714051 | Ipark, München | 7.487 | 6.590 | | -5.974 | 616 | 6.150 | 6.150 | 0 | 897 | 800 | 184 |
| 715701 | Brunner, Hamburg | 817 | 727 | 90 | -644 | 83 | 820 | 686 | 134 | 0 | 21 | -62 |
| 715811 | Gewerbepark, Ba | 1.164 | 1.136 | 28 | -1.146 | -10 | 1.181 | 1.114 | 67 | 0 | | |
| 715901 | Weidenberg | 462 | 460 | | -394 | 66 | 394 | 387 | 7 | 2 | 68 | 2 |
| 715921 | Versorgungswerk | 4.745 | 4.698 | 26 | -4.004 | 694 | 4.814 | 4.461 | 353 | 21 | 816 | 122 |
| 715961 | Wohnanlage Frar | 1.789 | 1.697 | 70 | -1.968 | -271 | 1.802 | 1.389 | 413 | 22 | -170 | 101 |
| 724091 | BW99-9 Unterfüh | 457 | 457 | | -561 | -104 | 460 | 455 | 5 | 0 | -51 | 53 |
| 724101 | BW 80-1 Unterfüh | 955 | 780 | | -808 | -28 | 782 | 782 | 0 | 175 | | |
| 724111 | BW 40-2 Unterfüh | 442 | 266 | | -278 | -11 | 245 | 245 | 0 | 176 | -35 | -24 |

*Abb. 12  "Chefliste" mit Musterbaustellen*

Aus diesen Einzelwerten werden zwei weitere Auswertungen generiert. Zum einen wird der Auftragsbestand, verteilt nach Monaten, inklusive grafischer Darstellung erstellt. Zum anderen werden die wichtigsten Erkenntnisse in einer Liste (Abb. 13) zusammengefasst.

| | Auswertung der Leistungsmeldungen per 31.05.2004 | | | |
|---|---|---|---|---|
| | **Restauftragsbestand** | T€ | 24.937 | |
| ÷ | Ø-Planauslastung je Monat | T€ | 6.234 | |
| = | **Plan-Auslastung in Monaten** | | 4 | (siehe auch Anlage zum Auftragsbestand) |
| | Leistungswerte gesamt: | T€ | 241.876 | |
| ./. | Rechnungstellung gesamt: | T€ | 238.974 | |
| = | **Diff. Leistungsw. zu Re.stell.** | T€ | 2.902 | (Rechnungsschreibungsunterdeckung) |
| | **Rechnungsschreibungspotential** | T€ | 6.141 | (Summe wenn Leistungswert > Rechnungstellung) |
| | Rechnungstellung gesamt: | T€ | 238.974 | (Abschlags- und Schlussrechnungen) |
| ./. | Zahlungseingänge gesamt: | T€ | 227.242 | |
| = | **offene Forderungen** | T€ | 11.732 | |
| | **Summe Einzelwertbericht.** | T€ | 0 | (nur per Juni, September und Dezember) |
| ÷ | offene Forderungen gesamt | T€ | 11.732 | |
| = | **EWB-Quote** | | 0,0% | |
| | **Summe Ergebnisprognosen** | T€ | 18.797 | (Einschätzungen der Geschäfts- u. Bauleitung) |
| | **Summe Ist-Ergebnisse** | T€ | 17.009 | |
| | Diff. Ist-Erg. 05/04 und Erg.Prognosen (zu erwartender Deckungsbeitr.) | T€ | 1.788 7,2% | (bezogen auf die Restleistung) |

*Abb. 13  Zusammenfassung "Chefliste"*

### 6.2.4 Sonstige kaufmännische Werkzeuge

Neben den beiden zuvor erwähnten Werkzeugen gibt es noch eine Reihe weiterer Kontrolllisten.

- monatliche Liquiditätsliste
- täglicher Bankenstand
- Bürgschaftsaufstellung mit Fälligkeiten und offenen Bürgschaftslinien
- Quartals-Gewinn- und Verlustrechnungen bzw. Bilanzen
- Fälligkeitslisten der offenen Posten

### 6.3 Risikohandbuch / Risikobeauftragter

Nach BITZ stellt das Risikohandbuch eine umfassende, risikoorientierte Unternehmensrichtlinie dar und ist zugleich eine vom Wirtschaftsprüfer prüfbare Dokumentation der Risikoidentifikation, Risikobewertung und der zugehörigen Verantwortlichkeiten und Maßnahmen.[5] Für jede der in den Risikomanagementprozess eingebundenen Parteien entfaltet das Handbuch nach WOLF/RUNZHEIMER spezifische Funktionen, die in Abb. 14 dargestellt werden.[6]

---

[5] Vgl. Bitz, Risikomanagement nach KonTraG, 2000, Seite 48.
[6] Vgl. Wolf/Runzheimer, Risikomanagement und KonTraG, 4. Auflage, 2003, Seite 173.

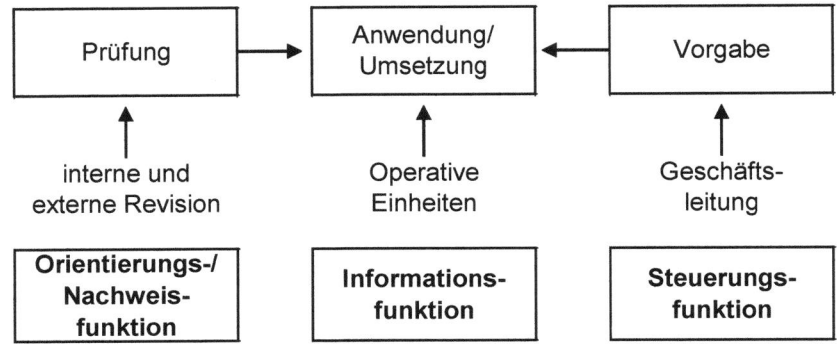

*Abb. 14 Funktionen des Risikomanagement-Handbuchs*

Die notwendigen Mindestinhalte des Handbuchs sind nach WOLF/RUNZHEIMER[7]:

1. Firmenanschrift
2. Inhaltsverzeichnis
3. Grundsatzerklärung der Unternehmensleitung zur Risikopolitik
4. Allgemeine Erläuterungen zur Verwendung, Änderung und Pflege des Handbuchs
5. Beschreibung der risikopolitischen Maßnahmen in den Funktionsbereichen
    a. Risikoarten/Risikokatalog
    b. Risikomanagementprozess (Risikoidentifikation, -bewertung, Risikohandhabung)
    c. Aufgaben- und Verantwortungsbereiche
    d. Geltungsbereich

---

[7] ebenda, Seite 174 ff.

Das Risikohandbuch wird in Anlehnung an diese Forderungen erstellt. Weiterhin werden Handbücher und Veröffentlichungen diverser Baufirmen und Bauzulieferer (HOCHTIEF, STRABAG, Creaton) als Beispiele hergenommen.

Der Risikobeauftragte ist zuständig für die Überwachung der im Handbuch beschriebenen Maßnahmen und der Handbuchpflege. Hier ist zu überlegen, ob das Risikohandbuch ins Qualitätsmanagement gemäß DIN EN ISO 9001 implementiert und damit unter die Verantwortung des Qualitätsbeauftragten gestellt werden soll. Alternativ kann das Risikohandbuch als eigenständige Richtlinie geführt werden. In diesem Fall muss von der Geschäftsführung eine geeignete Person als Verantwortlicher benannt werden. Bei Auswahl der zweiten Alternative wird der Geschäftsführung empfohlen, diese Aufgabe durch einen Techniker und einen Kaufmann betreuen zu lassen. So wäre gewährleistet, dass allen betrieblichen Belangen mit dem entsprechenden Fachwissen Rechnung getragen wird.

# 7 Gegensteuerungsmaßnahmen

## 7.1 Vermeiden von Risiken

Jedes unternehmerische Handeln ist mit Risiken behaftet. Zu den wenigen Möglichkeiten, diese generell zu vermeiden, gehört die Auftragsselektion. Bauvorhaben, die nicht eine gewisse Mindestrendite erwarten lassen, müssen ebenso abgelehnt werden, wie hochkomplizierte Bauvorhaben, bei denen das Erreichen des Baustellenziels durch die technische Komplexität gefährdet ist. Wie die Auftragsselektion gehört auch die Auftraggeberselektion zur Risikovermeidung. Auftraggeber, deren Bonitätsprüfung durch die Creditreform bzw. den Warenkreditversicherer negativ ausgefallen ist und die nicht bereit oder in der Lage sind, ihrerseits Bürgschaften zu stellen, müssen konsequent abgelehnt werden. Diesen Forderungen wird aufgrund der aktuellen wirtschaftlichen Situation nicht immer entsprochen werden können.

## 7.2 Vermindern von Risiken

Vermindern lassen sich Risiken durch Erfahrung und striktes Einhalten von festgelegten Regel und Schwellenwerten. Als Beispiel kann hier wieder der schlecht bewertete Auftraggeber genannt werden. Gemäß § 648 a BGB hat der Bauunternehmer das unabdingbare Recht, vom Auftraggeber eine Bauhandwerkersicherungsbürgschaft zu verlangen. Verweigert der Auftraggeber diese Bürgschaft hat der Bauunternehmer das Recht, vom Vertrag zurückzutreten. Da der Bauunternehmer jedoch die hohen Bürgschaftskosten zu tragen hat, sind Banken oftmals bereit Teilsummen abzubürgen. Diese Maßnahme, die eigentlich zum Punkt 7.3 gehört, greift nun insoweit, als die erbrachte Leistung die Bürgschaftssumme nicht überschreiten darf. Gleiches gilt für die Warenkreditversicherungen. Diese versichern Kunden zu einem gewissen Forderungsbetrag. Übersteigt die aktuelle Forderung die Versicherungssumme, so ist ein Erhöhungsantrag zu stellen. Wird dieser verwehrt, so sind andere Sicherungsmaßnahmen zu ergreifen. Im Zweifelsfall ist bis zur Zahlung der offenen Rechnungen die Bautätigkeit einzustellen. Im Versicherungsfall ersetzt die Warenkreditversicherung 75 % der offenen Forderung, maximal 75 % der Versicherungssumme. Eine weitere Möglichkeit der Risikoverminderung ist die Bildung von Arbeitsgemeinschaften (ARGEN). So können Großprojekte von mehreren Auftragnehmern abgewickelt werden. Oder es finden sich innerhalb einer Los-ARGE Unternehmen aufgrund ihrer unterschiedlichen Spezialisierung zusammen, um ein Bauwerk erstellen. Hier erbringt jeder seine spezielle Leistung und kompensiert so die Schwächen des anderen. Ansonsten vermindern Regelungen und Verfahrensanweisungen Risiken. Z. B. bedürfen Vergaben, die über dem kalkulierten Budgetwert liegen, der schriftlichen Zustimmung des Geschäftsführers. Liegen technische Schwierigkeiten oder Unmachbarkeiten vor, so müssen unverzüglich durch den Bauleiter gemäß § 4 Abs. 3 VOB/B schriftlich Bedenken beim Bauherren oder seinem Vertreter angemeldet werden. Gleiches gilt für Mängel und Behinderungen (§ 6 Abs. 1 VOB/B). In diesem Zusammenhang wird angeregt, eine Mängeldatenbank anzulegen, in der alle eingehenden Mängelanzeigen erfasst und weiterverfolgt werden. Ziel dieser Datenbank wäre es, Häufungen gleichartiger Mängel festzustellen und so Verbesserungspotential zu identifizieren. Da es in der Natur der Sache liegt, dass betroffene Mitarbeiter aufgetretene Mängel nicht kommunizieren, sondern selbst beseitigen wollen, ist hier ein Anreizsystem zu schaffen, das eine offene Kommunikation fördert.

## 7.3 Abwälzen von Risiken

Hierzu zählen zum einen alle Arten von Bürgschaften und Versicherungen. Die Gestellung von Vertragserfüllungs- und Gewährleistungsbürgschaften sichert die Auftraggeber ab und macht so eine Vertragsunterzeichnung und einen ungestörten Zahlungsablauf erst möglich. Im Gegenzug werden die vom Bauunternehmen zu erbringenden Vorleistungen entweder durch Vorauszahlungen (eher selten) oder Zahlungsbürgschaften abgesichert. Daneben werden alle Kunden bei der Warenkreditversicherung angemeldet, wobei diese mittlerweile eine Versicherung von vielen Kunden ablehnt oder bereits eingeräumte Summen kürzt. Schäden während des Bauablaufs werden durch die Bauleistungsversicherung abgedeckt. Daneben gibt es die üblichen Versicherungen wie Betriebshaftpflicht-, Kfz-Haftpflicht-, Feuer-, Einbruch und Diebstahls- und Maschinenkaskoversicherung. Außerdem ist der Abschluss einer Vertrauensschaden- und D&O-Versicherung zu prüfen. Bei allen freiwilligen Versicherungen muss natürlich der wirtschaftliche Sinn gegeben sein.

Zum zweiten können Risiken durch vertragliche Vereinbarungen auf die Nachunternehmer abgewälzt werden. So muss versucht werden, alle vertraglichen Regelungen, die dem Bauunternehmen durch den Auftraggeber auferlegt wurden, in gleichem Maß an die Nachunternehmer weiterzugeben. Als Beispiel sei hier das Gewährleistungsrisiko genannt. Hier muss darauf geachtet werden, dass die mit den Nachunternehmern vereinbarten Gewährleistungsfristen sowie die Laufzeiten der Bürgschaften nicht vor der Frist des Bauunternehmens enden.

## 7.4 Risiken selbst tragen

Die restlichen Risiken, die nicht vermieden, vermindert oder abgewälzt werden können, müssen von der Unternehmung bzw. dem Unternehmer getragen werden. Als Vergütung dafür werden normalerweise kalkulatorische Wagnisse und Risikozuschläge in die Verkaufspreiskalkulationen eingerechnet. Leider lässt der anhaltende Preiskampf im Baugewerbe dies nicht ohne weiteres zu. So gehen eintretende Schadensfälle oft zu Lasten der ohnehin schmalen Marge. Das aus diesem Grund entwickelte Risikomanagementsystem soll die verbliebenen Risiken und deren mögliche Auswirkungen möglichst gering halten. Für identifizierte Risiken mit ungewissem Ausgang sind Rückstellungen zu bilden.

WOLF/RUNZHEIMER weisen in diesem Zusammenhang auf die elementare Bedeutung der Rückstellung für Garantieverpflichtung und Haftungsrisiken (vor allem Produkthaftung) hin.[8]

---

[8] vgl. Wolf/Runzheimer, Risikomanagement und KonTraG, 4. Auflage, 2003, Seite 94.

# 8 Fazit und Ausblick

Den durch die Wirtschaftsprüfer kontrollierbaren Anforderungen des KonTraG wird mit der Erstellung des Risikohandbuches und der Implementierung des Risikobeauftragten Rechnung getragen. Für das Risikohandbuch wird ein Konzept erstellt, das von der Unternehmensleitung zu prüfen und nach einer eventuellen Überarbeitung zu verabschieden ist. Der Risikobeauftragte muss von der Geschäftsführung des betrachteten Unternehmens noch benannt werden.

Das Managementtool „Risikomanagement-System", das als Handlungsrichtlinie und Entscheidungshilfe dienen soll, steckt noch in den Kinderschuhen. Hier muss es einen kontinuierlichen Verbesserungsprozess im Dialog mit allen betroffenen Abteilungen geben.

Die Risikosteuerungsmechanismen und die gewählten Kennzahlen und Schwellenwerte müssen regelmäßig überprüft und gegebenenfalls geändert oder ergänzt werden.

Die Mitarbeiter müssen für das Thema „Risiko" weiter sensibilisiert werden. Und vor allem muss das RMS von der Geschäftsleitung konsequent (vor-) gelebt werden.

Der Geschäftsführung werden besonders die internen Risiken wie Vertretungs- bzw. Nachfolgeregelungen, Kommunikationskultur, Motivation, Kompetenzenverteilung und strategische Langfristplanung ans Herz gelegt. Denn nur motivierte, zielorientiert arbeitende Mitarbeiter sind in der Lage, durch ihre Leistung den Bestand und den Erfolg des Unternehmens langfristig zu sichern.

Die hohe Anzahl der von den Befragten genannten potenziellen Risiken zeigt, dass bereits ein Gespür für die sensiblen Bereiche vorhanden ist. Nicht zuletzt ist der jahrzehntelange Firmenbestand ein Beweis dafür, dass das Bauunternehmen in der Lage war und ist, Risiken zu erkennen, zu steuern und so Gefahrensituationen frühzeitig zu entschärfen. Das Risikomanagementsystem sammelt, dokumentiert und ergänzt diese langjährige Erfahrung.

# 9 Literaturverzeichnis

**Ernst**, Christoph
**Seibert**, Ulrich
**Stuckert**, Fritz: **KonTraG** KapAEG StückAG EuroEG, 1. Auflage, IDW-Verlag Düsseldorf, 1998.

ZDB
Zentralverband des
Deutsches Baugewerbes e. V. **Analyse & Prognose** Bauwirtschaftlicher Bericht 2003/2004, Köllen Druck + Verlag GmbH Berlin, 2004.

Hauptverband der
Deutschen Bauindustrie e. V. und
Zentralverband des
Deutschen Baugewerbes e. V.: **KLR Bau** Kosten- und Leistungsrechnung der Bau-unternehmen, 7. Auflage, Bauverlag GmbH Wiesbaden, 2001.

**Bitz**, Horst: **Risikomanagement nach KonTraG**, 1. Auflage, Schäffer-Poeschel Verlag Stuttgart, 2000.

**Wolf**, Klaus
**Runzheimer**, Bodo: **Risikomanagement und KonTraG**, 4. Auflage, Betriebswirtschaftlicher Verlag Dr. Th. Gabler GmbH Wiesbaden, 2003.

# 10 Abbildungsverzeichnis

Abb. 1   Strukturdaten des deutschen Bauhauptgewerbes.............. 11
Abb. 2   Schematische Darstellung der Vorgehensweise ............... 13
Abb. 3   Ausschnitt aus dem Risiko-Fragebogen........................... 15
Abb. 4   Einbindung der Kalkulation in die Bauauftragsrechnung .... 18
Abb. 5   Ausschnitt aus dem Risikoinventar ..................................... 25
Abb. 6   Risikomatrix ....................................................................... 27
Abb. 7   Deckblatt einer Leistungsmeldung (Ausschnitt) ................. 32
Abb. 8   Subleistungsblatt einer Leistungsmeldung (Ausschnitt) ..... 33
Abb. 9   verdichtete Baustellenabrechnung (Ausschnitt) ................. 34
Abb. 10  Baustellenabrechnung (Ausschnitt) ................................... 35
Abb. 11  Firmenübersicht Betriebsabrechnung (Ausschnitt)........... 36
Abb. 12  „Chefliste" mit Musterbaustellen........................................ 38
Abb. 13  Zusammenfassung „Chefliste" .......... ............................... 38
Abb. 14  Funktionen des Risikomanagement-Handbuchs.............. 40

# Anhang

## Anhangsverzeichnis

| | | |
|---|---|---|
| Anhang 1 | Risikofragebogen | II |
| Anhang 2 | Frühindikatorliste | IV |
| Anhang 3 | Formular Risikomeldung | V |
| Anhang 4 | „Chefliste" | VI |
| Anhang 5 | Auszug Risikoinventar: Finanzen | VII |
| Anhang 6 | Auszug Risikoinventar: Kalkulation | VIII |
| Anhang 7 | Auszug Risikoinventar: Bau und Produktion | IX |
| Anhang 8 | Auszug Risikoinventar: Personal | X |
| Anhang 9 | Inhaltsverzeichnis Risikomanagementhandbuch | XI |

# Anh. 1 - Risikofragebogen

## Risiko-Fragebogen

Bitte senden Sie diesen Fragebogen im beiliegenden Rückumschlag bis spätestens _____ an die Abteilung Controlling. Bei Rückfragen steht Ihnen _____ unter _____ / _____ gerne zur Verfügung.

Vielen Dank für Ihre Mitarbeit!

### 1. Allgemeine Fragen zu Ihrer Person

Sind Sie eher gewerblich, technisch oder kaufmännisch/verwaltend tätig?  ☐ gewerbl.  ☐ techn.  ☐ kaufm./verw.

Wie lange sind Sie in der Baubranche schon tätig?  _____ Jahre

### 2. Allgemeine Fragen zu den Risiken

Wie hoch schätzen Sie die Anzahl der Einzelrisiken (Anzahl Kalkulationen, Baustellen usw.) innerhalb der Risikofelder?
Wie hoch schätzen Sie die Eintrittswahrscheinlichkeit und wie hoch die Gefährlichkeit eines einzelnen Schadensfalles?
Bitte kreuzen Sie nach Ihrer Einschätzung an. Die Zahlen lesen Sie bitte wie Schulnoten. (6 = sehr hoch, sehr gefährlich usw.)

| | Anzahl hoch — gering | Wahrscheinlichkeit hoch — gering | Gefährlichkeit hoch — gering |
| --- | --- | --- | --- |
| | 6 5 4 3 2 1 | 6 5 4 3 2 1 | 6 5 4 3 2 1 |
| a) **Bau-, Produktionsrisiken** (z. B. Bauorganisation, Bauablauf, Planlauf, Arbeitsvorbereitung) | | | |
| b) **Vertragsrisiken** (z. B. Vertragsfehler, Vertragsstrafen, Verantwortlichkeiten, Termine) | | | |
| c) **Kalkulationsrisiken** (z. B. Ausschreibungen, Angebots-, Arbeitskalkulation) | | | |
| d) **Beschaffungsrisiken** (Material, Subunternehmer; z. B. schlechte Qualität, Ausfälle, Terminuntreue etc.) | | | |
| e) **Finanzrisiken** (z. B. Bürgschaften, Ausfall von Kunden, Liquidität) | | | |
| f) **Personalrisiken** (z. B. Nachfolgeregelungen, Qualifikation, Motivation, Fluktuation) | | | |
| g) **Interne Risiken** (z. B. Aufbau-, Ablauforganisation, Kommunikation, Datensicherheit) | | | |

Bei welchem der Risikofelder a) bis g) ist ihrer Meinung nach am ehesten mit einem Schaden zu rechnen, bei welchem am wenigsten? (Bitte den Buchstaben angeben)

_____ am wahrscheinlichsten
_____ unwahrscheinlich

### 3. Handlungsbedarf

Welche Risiken gehören Ihrer Meinung nach als erstes geregelt? Wo herrscht dringender Handlungsbedarf?

_____
_____
_____
_____
_____

Glauben Sie, dass die Firma bereits in der Lage ist alle Risiken zu erkennen und entsprechende (Vorbeuge-) Maßnahmen zu ergreifen?  ☐ ja  ☐ teilweise  ☐ nein

Wer müsste Ihrer Meinung nach mehr für die Risikosteuerung tun?

☐ kaufmännischer Bereich  ☐ technischer Bereich  ☐ beide Bereiche  ☐ keiner, es wird bereits genug getan

Wissen Sie, wie Sie sich verhalten müssen, wenn Sie ein Risiko erkennen?

☐ ja, gemäß Arbeitsanweisung  ☐ ich informiere meinen Vorgesetzten  ☐ nein, ich frage mich halt durch

↪ bitte wenden

**Risikofragebogen**

## 4. Einzelrisiken

Welche Einzelrisiken fallen Ihnen spontan zu den genannten Risikofeldern ein?

| Bau-, Produktionsrisiken: |
|---|
|  |

| Beschaffungsrisiken |
|---|
|  |

| Vertragsrisiken: |
|---|
|  |

| Kalkulationsrisiken: |
|---|
|  |

| Finanzrisiken: |
|---|
|  |

| Personalrisiken: |
|---|
|  |

| Interne Risiken: |
|---|
|  |

## 5. Was Sie schon immer loswerden wollten

Hier haben Sie Platz für Kritik, Anregungen, Verbesserungsvorschläge. **Dieser Punkt ist uns besonders wichtig!**

|  |
|---|
|  |

## Anh. 2 - Frühindikatorliste

### Frühindikatoren

| Baubranche | | | |
|---|---|---|---|
| **Geschäftsaussichten (Bau) nächste 12 Monate** | | | **Index Gesamt** |
| Quelle:<br>NTC Research - Baubericht Deutschland<br>Stand Juli 2004 | Ø-Index =<br>50,0 | Index Juli 04<br>36,7<br>Index Vormonat<br>37,8<br>Index Änderung<br>- 1,1 | ⬇<br><br>Veränderung<br>Index<br>⬇ |
| **Geschäftsaussichten (Bau) nächste 6 Monate** | | | **Index Gesamt** |
| Quelle:<br>ifo-Konjunkturtest Bayern<br>Stand Juli 2004 | Ø-Index =<br>0,0 | Index Juli 04<br>30<br>Index Vormonat<br>30<br>Index Änderung<br>+ 0,0 | ⬇<br><br>Veränderung<br>Index<br>➡ |
| Ø-Auftragsbestand Bauhauptgewerbe: | 2,3 Monate | | |
| **Prognose Bau 2005** (ausgewählte Werte in % zum Vorjahr) | | | Veränderung<br>Werte |
| Quelle:<br>DIW-Berlin<br>ifo-Konjunkturprognose 2004/2005<br>beide Stand Juli 2004 | Bruttoanlageinvestitionen (DIW)<br>Bruttoanlageinvestitionen (ifo) | + 3,3%<br>+ 1,7% | ↗<br>↗ |
| | Bauinvestitionen in Deutschland (DIW) | + 0,7% | ↗ |
| | ⇨ Wohnungsbau | + 1,1% | ↗ |
| | ⇨ Nichtwohnbau | + 0,0% | ➡ |
| | ⇨ Staat | - 2,2% | ⬇ |
| | ⇨ Übrige Sektoren | + 0,9% | ↗ |

| Allgemeine wirtschaftliche Lage | | | |
|---|---|---|---|
| **Prognose 2005** (ausgewählte Werte in % zum Vorjahr) | | | Veränderung<br>Werte |
| Quelle:<br>DIW-Berlin<br>ifo-Konjunkturprognose 2004/2005<br>beide Stand Juli 2004 | Reales Bruttoinlandsprodukt (DIW)<br>Reales Bruttoinlandsprodukt (ifo) | + 2,1%<br>+ 1,7% | ↗ |
| | Privater Verbrauch (DIW)<br>Privater Verbrauch (ifo) | + 1,2%<br>+ 1,5% | ↗ |
| | öffentlicher Verbrauch (DIW)<br>öffentlicher Verbrauch (ifo) | - 0,8%<br>+ 0,3% | ⬇ ➡ |

# Anh. 3 - Formular Risikomeldung

## Risikomeldung

Bauvorhaben: _____   Erstmeldung: _____
Bezeichnung: _____   Folgemeldung (Nr.    ): _____

Meldende Person: _____

| Risikoart: | ☐ Submissionsrisiko | ☐ Auftraggeberrisiko |
|---|---|---|
|  | ☐ Terminrisiko | ☐ Verzugsrisiko |
|  | ☐ Bauausführung | ☐ Ergebnisrisiko |

Beschreibung des Sachstands:




















Beschreibung der möglichen Auswirkung:










Freigegeben: 09.03.2015

Datum: _____   Unterschrift: _____   Eingang RB: _____

V

# Anh. 4 - „Chefliste"

| Auswertung der Bauvorhaben | | | | | | | | | | |
|---|---|---|---|---|---|---|---|---|---|---|
| | | | | | Stand: Mai 2004 | | | | | 25.06.2004 |
| Bst.Nr | Bezeichnung | Auftrags-summe Gesamt | Leistungs-wert Gesamt | Erlös-minderung Gesamt | Kosten Gesamt | Ergebnis Gesamt | Gesamt-rechnungs-stellung | Gesamt-Geld-eingang | Netto-offene Forder | Rest-leistung Gesamt | Gesamt-prognose zum Bst.end | Diff Ist-Erg. Prog |
| 701721 | MU Grabarbeiten | 330 | 352 | | -256 | 95 | 352 | 340 | 12 | 0 | | |
| 714051 | Ipark, München | 7.487 | 6.590 | | -5.974 | 616 | 6.150 | 6.150 | 0 | 897 | 800 | 184 |
| 715701 | Brunner, Würzburg | 817 | 727 | 90 | -644 | 83 | 820 | 686 | 134 | 0 | 21 | -62 |
| 715811 | Gewerbepark, Bamberg | 1.164 | 1.136 | 28 | -1.146 | -10 | 1.181 | 1.114 | 67 | 0 | | |
| 715901 | Weidenberg | 462 | 460 | | -394 | 66 | 394 | 387 | 7 | 2 | 68 | 2 |
| 715921 | Versorgungswerk Hanau | 4.745 | 4.698 | 26 | -4.004 | 694 | 4.814 | 4.461 | 353 | 21 | 816 | 122 |
| 715961 | Wohnanlage Frankfurt | 1.789 | 1.697 | 70 | -1.968 | -271 | 1.802 | 1.389 | 413 | 22 | -170 | 101 |
| 724091 | BW99-9 Unterführung | 457 | 457 | | -561 | -104 | 460 | 455 | 5 | 0 | -51 | 53 |
| 724101 | BW 80-1 Unterführung | 955 | 780 | | -808 | -28 | 782 | 782 | 0 | 175 | | |
| 724111 | BW 40-2 Unterführung | 442 | 266 | | -278 | -11 | 245 | 245 | 0 | 176 | -35 | -24 |

## Anh. 5 - Auszug Risikoinventar: Finanzen

**Risikoinventar**
Risikofeld: **FINANZRISIKEN**

Anzahl der Einzelrisiken: 9

| lfd. Nr. | Bezeichnung Einzelrisiko | W | G | Kontrollwerkzeug | Kontrollzyklus | Kontrollinstanz |
|---|---|---|---|---|---|---|
| 1 | Betriebsmittelkredite und Vorfinanzierungskredite durch Branchenrating schwer zu bekommen; Kreditbereitschaft der Banken sinkt | | | Eigenrating der Quartals-bilanzen | quartalsweise | Fibu |
| 2 | Bonität der Bauherren schlecht / Finanzrisiken bei privaten Bauherren / Insolvenz des Bauherrn (Vorprüfung erforderlich) | | | Bonitätsauskünfte (Credit-reform, Gerling) | bei Bedarf | Fibu Bauleitung |
| 3 | Haftung - Gewährleistung (Rückstellungen sind zu bilden) | | | Quartals-Bilanzen | quartalsweise | Fibu Bauleitung tech. GF |
| 4 | Nachträge, finanzielle Baustellenprobleme werden viel zu spät geklärt | | | Liste Nachträge (bedingt: Betriebsabrechnung) | monatlich | Bauleitung tech. GF |
| 5 | Rechnungsstellung unvollständig und zu spät | | | Baustellenliquiditätsliste (bedingt: Betriebsabrechnung) | monatlich | Fibu Bauleitung Controlling |
| 6 | schlechte Zahlungsmoral der Auftraggeber / Bauherren (Verzögerungen, Kürzungen, Einbehalte, Verschleppungstaktik von Projektsteuerern und Architekten) | | | OP-Liste Mahnliste | monatlich bzw. bei Bedarf | Fibu |
| 7 | schlechte Zahlungspläne | | | Vertragseinzelprüfungen | bei Bedarf | Akquisition tech. GF |
| 8 | sinkende Baustellenergebnisse | | | Betriebsabrechnung | monatlich | Controlling |
| 9 | Vorleistungspflicht des Unternehmens | | | Zahlungspläne | bei Bedarf | Akquisition Bauleitung |

RISIKOFAKTOR **LIQUIDITÄT**

## Anh. 6 - Auszug Risikoinventar: Kalkulation

**Risikoinventar**
Risikofeld: **KALKULATIONSRISIKEN**

| lfd. Nr. | Bezeichnung Einzelrisiko | W | G | Kontroll-werkzeug | Kontrollzyklus | Kontroll-instanz |
|---|---|---|---|---|---|---|
| 1 | Angebot ohne genaue Prüfung der Kosten (Spezialausführungen) | | | | | |
| 2 | falsche Einschätzung des Bau- und Produktionsrisikos (Schwierigkeitsgrad) zum Kalkulationszeitpunkt | | | | | |
| 3 | falsche Markteinschätzung von Lieferanten-NU-Preisen /-angeboten | | | | | |
| 4 | fehlerhafte oder unvollständige Massenermittlung | | | | | |
| 5 | Preisanpassung an Marktpreis -> dadurch Unterdeckungen | | | | | |
| 6 | Preiserhöhung zwischen Kalkulation und Bauverlauf (siehe Stahlpreiserhöhung) | | | | | |
| 7 | Probleme mit Baugrundstück (oder Infrastruktur) sind nicht bekannt | | | | | |
| 8 | Schreib- / Tippfehler; rechnerische Fehler (kalkulierter Preis falsch angegeben) | | | | | |
| 9 | Spekulationen / Kosten- Mengenschätzungen (durch teilweise recht vage Kalkulationsunterlagen / Daumenrechnung) | | | | | |
| 10 | Zeit- / Termindruck bei Angebotsbearbeitung (Flüchtigkeitsfehler, keine Zeit für Kreativität) | | | | | |

## Anh. 7 - Auszug Risikoinventar: Bau und Produktion

**Risikoinventar**
Risikofeld: BAU-, PRODUKTIONSRISIKEN

Anzahl der Einzelrisiken: 11

| lfd. Nr. | Bezeichnung Einzelrisiko | W | G | Kontrollwerkzeug | Kontrollzyklus | Kontroll-instanz |
|---|---|---|---|---|---|---|
| 1 | allgemein hoher Zeitdruck (ständig kürzere Bauzeiten) | | | | | |
| 2 | Baugrundprobleme (auch Kontamination, Munition) | | | | | |
| 3 | Baumängel durch zu geringe Qualitätssicherung | | | | | |
| 4 | Beschreibungen im LV sind so überzogen dargestellt, dass die technische Machbarkeit nur mit sehr hohem Aufwand erreicht werden kann | | | | | |
| 5 | Einsatz des günstigsten Bieters (Billiganbieter) zu Lasten der Qualität | | | | | |
| 6 | Fehler bei der Ausführung | | | | | |
| 7 | Logistik (Infrastruktur, Entfernung, Platzverhältnisse auf der Baustelle, Lagerflächen) | | | | | |
| 8 | Planungsmängel bei Baustellenplanung / -einrichtung | | | | | |
| 9 | technische Standards werden mit Geldargumenten wegdiskutiert | | | | | |
| 10 | ungenügender Planvorlauf | | | | | |
| 11 | unzureichende Kommunikation führt zu Wiederholungsmängeln (Bodenplatten, Sichtbeton) | | | | | |

## Anh. 8 - Auszug Risikoinventar: Personal

**Risikoinventar**
Risikofeld: **PERSONALRISIKEN**

| lfd. Nr. | Bezeichnung Einzelrisiko | W | G | Kontroll-werkzeug | Kontroll-zyklus | Kontroll-instanz |
|---|---|---|---|---|---|---|
| 1 | Betriebsblindheit | | | | | |
| 2 | fehlende Nachfolgeregelung / Stellvertreter für Geschäftsführer und anderer Führungskräfte (funktionsfähige 2. Ebene) | | | | | |
| 3 | fehlendes Verantwortungsbewusstsein der einzelnen Facharbeiter (Baumängel durch "nicht verantwortlich fühlen" der Ausführenden); Übertragung von Kompetenz und Verantwortung | | | | | |
| 4 | Fluktuation bzw. Personalwechsel / gutes Personal wird abgeworben | | | | | |
| 5 | keine festen Teams --> Fachkompetenzen | | | | | |
| 6 | Motivation des Personals / mangelnde Einsatzbereitschaft / mangelndes Team-Work-Denken | | | | | |
| 7 | Qualifikation des Personals / fehlendes Know How (mangelnde Aus- und Weiterbildung); auch Selbstüberschätzung; es finden keine Kontrollen der Leistungsfähigkeit von AN statt | | | | | |
| 8 | Streik | | | | | |

Anzahl der Einzelrisiken 8

X

# Anh. 9 - Inhaltsverzeichnis Risikomanagementhandbuch

| Bauunternehmen Firmenname | Risikomanagement Handbuch | Seite 2 |
|---|---|---|

<u>Inhalt</u>　　　　　　　　　　　　　　　　　　　　　　　　　　　　　<u>Seite</u>

1. Vorwort

    a) Stellungnahme der Geschäftsführung – Grundsatzerklärung ................ 3

    b) Gesetzliche Verpflichtung (KonTraG) ................ 3

    c) Definition des Begriffs Risiko ................ 3

    d) Ziele des Risikomanagementsystems (RMS) ................ 4

    e) RMS-Grundsätze ................ 5

    f) Geltungsbereich ................ 7

2. Risikofelder / Risikoinventar ................ 8

3. Risikomanagementprozess

    a) Risikoidentifikation ................ 10

    b) Risikobewertung ................ 11

    c) Risikobehandlung ................ 12

    d) Risikoüberwachung (Monitoring) ................ 12

    e) Risikokommunikation (Risikoreporting) ................ 13

4. Risikomanagement-Kontrolle und –Entwicklung ................ 13

Anlagen

Risikoinventar